LA DIFFÉRENCE DES SEXES
À L'ÉPREUVE DE LA RÉPUBLIQUE

ISBN : 2-7475-5411-2

Maxime FOERSTER

LA DIFFÉRENCE DES SEXES À L'ÉPREUVE DE LA RÉPUBLIQUE

L'Harmattan
5-7, rue de l'École-Polytechnique
75005 Paris
FRANCE

L'Harmattan Hongrie
Hargita u. 3
1026 Budapest
HONGRIE

L'Harmattan Italia
Via Bava, 37
10214 Torino
ITALIE

Questions Contemporaines

Collection dirigée par J.P. Chagnollaud B. Péquignot et D. Rolland

Chômage, exclusion, globalisation... Jamais les « questions contemporaines » n'ont été aussi nombreuses et aussi complexes à appréhender. Le pari de la collection « Questions contemporaines » est d'offrir un espace de réflexion et de débat à tous ceux, chercheurs, militants ou praticiens, qui osent penser autrement, exprimer des idées neuves et ouvrir de nouvelles pistes à la réflexion collective.

Dernières parutions

Elysée SARIN, *Introduction conceptuelle à la science des organisations*, 2003.
Philippe ARQUÈS, *Le harcèlement dans l'enseignement*, 2003.
Roger BENJAMIN, *Humanisme et classes sociales*, 2003.
Ezzedine MESTIRI, *Le nouveau consommateur,* 2003.
Elie SADIGH, *Plein emploi, chômage,* 2003.
Bertrand MARTINOT, *L'Euro, une monnaie sans politique ?,* 2003.
Philippe RIVIALE, *Sur la commune,* 2003.
Antony GAUTIER, *Affaire Paul Voise,* 2003.
Pierre FREYBURGER, *Les niqués de la république*, illustrations Véesse, 2003.
Martine CORBIERE, *Le bizutage dans les écoles d'ingénieurs*, 2003.
Robert MAESTRI, *Du particularisme au délire identitaire*, 2003.
Bertrand MOINGEON, *Peut-on former les dirigeants ?,* 2003.
Liliane MEMERY, *L'insertion : plaidoyer pour une clinique anthropologique*, 2003.
Saïd KOUTANI, *Connaissance et concurrence*, 2003
Jean-Christophe GRELLETY, *11 septembre 2001 : comme si Dieu n'existait pas ?*, 2003.
Liliane MEMERY, *L'insertion : plaidoyer pour une clinique anthropologique*, 2003.
Saïd KOUTANI, *Connaissance et concurrence*, 2003
Lionel TACCOEN, *Le pari nucléaire français*, 2003.

« Demain, vous serez tous des nègres ! »
James Baldwin[1].

« Qu'est-ce que c'est donc un noir ? Et d'abord, c'est de quelle couleur ? »
Jean Genet.

[1] Cité par Paul Virilio dans *Ce qui arrive*, Galilée, 2002, p. 86.

Introduction

Texte et contexte

> *« Sans doute l'objectif principal aujourd'hui n'est-il pas de découvrir, mais de refuser ce que nous sommes. Il faut nous imaginer et construire ce que nous pourrions être pour nous débarrasser de cette sorte de double contrainte politique que sont l'individuation et la totalisation simultanées des structures du pouvoir moderne.*
>
> *On pourrait dire, pour conclure, que le problème à la fois politique, éthique, social et philosophique qui se pose à nous aujourd'hui n'est pas d'essayer de libérer l'individu de l'État et de ses institutions, mais de nous libérer* nous *de l'État et du type d'individualisation qui s'y rattache. Il nous faut promouvoir de nouvelles formes de subjectivité en refusant le type d'individualité qu'on nous a imposé pendant plusieurs siècles*[2]. »

On pourrait commencer, pour introduire Marianne, par s'interroger sur la libération que Foucault appelle de

---

[2] Michel Foucault cité par Judith Butler, *La vie psychique du pouvoir*, Léo Scheer, 2002, p. 158.

ses vœux et sur les conditions de sa pratique. Non plus la facilité d'une opposition entre l'émancipation de l'individu et l'oppression de l'État mais l'ambition d'une libération suprême : l'individu s'émancipant du processus d'individualisation, processus d'autant plus aliénant qu'il prétend s'ériger contre la coercition. Si le surhomme prophétisé par Nietzsche nous semble inhumain et délirant, le « sur-individu » foucaldien nous semble au contraire s'inscrire dans une entreprise éthique sur mesure pour l'individu contemporain : nous aimerions travailler sur ses conditions d'émergence et de réussite. La question qui nous interpelle et qui justifie le dévoilement d'une Marianne incongrue est la question du rôle de l'État dans cette entreprise d'affranchissement de l'individu vis-à-vis du processus d'individualisation : quel cadre politique comme condition *sine qua non* de l'individu à venir ?

Notre thèse est que la République française, de par l'idéologie qui la fonde, est l'incarnation de ce cadre politique. Pourquoi, dès lors, le défi foucaldien reste-t-il à mener si le régime politique est déjà constitué ? Parce que ce qui est prôné en théorie est dénié dans la pratique, et parce que le message républicain est parasité depuis l'origine de son fondement par une autre idéologie qui lui est antérieure et antithétique : la différence des sexes. Il s'agit d'une mystique qui se prétend comme l'antithèse de ce qu'elle est, revendiquant l'évidence d'un fait naturel à ce point palpable et empiriquement fondé qu'il est impensable de la théoriser. Nous allons pourtant penser la différence des sexes, observer la puissance de sa mystique et rendre compte de ses incidences. La République, telle qu'elle se fonde à partir de la Révolution française, devient le régime politique le plus *queer* qui puisse existier : le concept d'universalisme est une vision désincarnée du citoyen, la réduction de ce dernier à l'abstraction d'un sujet qu'aucune discrimination ne peut pénaliser en raison de son abstraction même. L'universalisme pense le citoyen dans l'indifférence vis-à-vis de ce qu'il est pour lui assurer l'égalité devant la loi. L'indifférence inhérente à l'universalisme n'est pas la négation de la différence mais le souci que cette dernière ne soit jamais le support de la discrimination : il s'agit de catégoriser le citoyen comme citoyen à l'état brut pour empêcher que d'autres catégorisations puissent distinguer des citoyennetés à géométrie variable selon les différences de chacun. D'où la définition qu'en donne Dominique Schnapper[3] :

> *Le citoyen comme un individu abstrait, sans identification ni qualifications particulières, en deçà et au-delà de ses déterminations concrètes.*

Sera-t-on surpris, dès lors, si la Révolution française a émancipé les Protestants, les Juifs et les descendants d'esclaves affranchis ? Tous citoyens, peu importe leur couleur de peau ou croyances religieuses. Il est tout aussi logique que la Révolution française ait produit la Déclaration des droits de l'homme et du citoyen dont l'application n'est pas conçue pour un territoire (la France) mais pour l'universel de l'espèce humaine.

Si nous voulons montrer Marianne intime, c'est parce que l'universalisme dans son acception républicaine aurait dû émanciper les femmes en même temps que les

---

[3] Voir *Dictionnaire critique de la République*, Flammarion, 2002, p. 277.

Protestants, les Puifs et les descendants d'esclaves affranchis. Et s'il n'y a pas eu émancipation, c'est parce que l'idéologie républicaine a repris à son compte la mystique de la différence des sexes, une vision faussement naturelle de l'agencement politique du masculin et du féminin. Cette vision de ce que doit être le masculin, le féminin et les modalités de leur agencement a résisté à la subversion promise par l'universalisme et se cristallise aujourd'hui encore chez les féministes essentialistes qui ont réussi lors de la réforme sur la parité à inscrire dans la Constitution de la République la division sexuelle de la citoyenneté. Les débats sur le mariage et le droit à l'adoption pour les couples homosexuels ont également fait surgir une curieuse expression révélatrice de la mystique de la différence des sexes : *l'ordre symbolique*. Les femmes, accusées hier de bafouer la féminité en revendiquant l'égalité des droits avec les hommes, ont laissé place aux homosexuels, accusés aujourd'hui de nier la différence des sexes parce qu'ils revendiquent l'égalité des droits avec les hétérosexuels. Marianne intime, c'est explorer les back rooms de la psyché républicaine, faire une expertise des valeurs républicaines à l'épreuve de la différence des sexes, évaluer la catégorie de sexe dans ses implications politiques. Marianne intime, ça pourrait être Marianne la pute, l'adultère, la gouine ou la folle : une lézarde dans l'édifice de la féminité ou, comme dirait Beauvoir, dans la femme comme identité relevant du mythe[4]. S'il est question de statue, ce n'est pas celle du modèle passif, de l'assignation à l'identité *ready made* ou de la muse réifiée, c'est au contraire en référence à la

[4] Monique Wittig quant à elle parle de l*a-femme*.

sculpture de soi[5] et à l'éternelle ascèse consistant à devenir *ceux* que l'on est.

---

[5] Expression empruntée à Michel Onfray en hommage à son essai sur l'éthique du matérialisme hédoniste.

Du textuel au sexuel

La République française est le régime *queer* par excellence car la *Queer Theory* est la pensée de l'identité sans essence :

> *L'identité* queer *n'a aucun besoin de se fonder sur une vérité quelconque ou sur une réalité stable. Comme l'indique le mot lui-même,* queer *ne désigne aucune espèce naturelle et ne se réfère à aucun objet déterminé ; il prend son sens dans sa relation d'opposition à la norme.* Queer *désigne ainsi tout ce qui est en désaccord avec le normal, le dominant, le légitime.* Il n'y a rien de spécifique auquel il se réfère nécessairement[6].

Cette identité sans essence coïncide parfaitement avec le citoyen désincarné de l'universalisme républicain. Alors qu'aux Etats-Unis il est reproché à la *Queer Theory* d'être politiquement dérisoire en raison de sa critique d'une stratégie communautaire et de son refus d'une identité collective[7], nous trouvons dans le modèle

---

[6] David Halperin, *Saint Foucault*, EPEL, 2000, p. 75.

[7] Critique formulée entre autres par Leo Bersani dans *Homos, Repenser l'identité*, Odile Jacob, 1998, p. 25 : *Le « dégayment » des gays ne peut que renforcer l'oppression homophobe. Il réalise à sa manière l'objectif principal de l'homophobie : l'élimination des gays. Car la conséquence d'un auto-effacement n'est autre...qu'un auto-effacement. L'acceptation provisoire des catégories élaborées par les*

républicain *à la française* la possibilité d'une efficace politique de la pensée *queer*. C'est ainsi que la thèse que nous allons défendre aboutit à un triple désenclavement : montrer que le féminisme, originellement centré sur l'émancipation de la femme, aboutit en fait à une émancipation qui n'est pas celle des femmes contre les hommes mais celle des hommes et des femmes contre une vision faussement naturelle du masculin, du féminin et de leur agencement. Deuxième désenclavement : la pensée *queer*, originellement centrée sur l'émancipation des homosexuels vis-à-vis de l'être-homosexuel, aboutit en fait à une vision universelle, subversive et salutaire de la problématique de l'assujettissement vis-à-vis du pouvoir en général. Dernier désenclavement : la République, traditionnellement opposée à la démocratie pour justifier une vision réactionnaire de l'ordre ou du retour à l'ordre, se révèle être le cadre idéal pour permettre le processus de subjectivation[8] le plus libertaire qui soit. Vertigineux renversements de rôles qu'il nous faut accomplir dans les pages à venir.

« Tous des nègres ! », nous dit Baldwin. « Quelle couleur ? » renchérit Genet. L'évidence de la différence des races n'a finalement rien d'évident : ce qu'on prenait pour naturel est en fait éminemment politique – et constitue la raison d'être du racisme. Nous découvrirons de même comment la différence des sexes n'est pas une évidence mais une mystique et qu'elle est la matrice de l'oppression tant des femmes que des homosexuels. Formaliser l'impensé de la raie publique, c'est dénoncer

---

régimes identitaires dominants favoriserait plus la résistance à ces forces oppressives que la simple disparition.

[8] Expression propre à Foucault et reprise par Didier Eribon dans ses *Réflexions sur la question gay*, Fayard, 1999.

l'imposture de la différence des sexes et son iniquité républicaine. Il s'agit de penser autrement la République tout en réclamant que cette République *inédite* ne soit jamais que la République originelle : fidèle à ses valeurs et conforme à l'idéologie qui la fonde. Marianne intime, c'est la révision du contrat social et donc du contrat sexuel qui lui est sournoisement consubstantiel.

Français, encore un effort si vous voulez être républicains !

Première partie :

Les femmes et le féminin

« Les femmes ne devraient pas régner. »
Christine de Suède, *Maximes*.

« Il y a des hommes qui sont aussi femmes que leurs mères, et des femmes qui sont aussi hommes que leurs pères, car l'âme n'a point de sexe. »
Christine de Suède, *Maximes*.

La tribune et l'échafaud

Pour mieux saisir cet oubli, ce déni de la Révolution française quant aux femmes, il faut d'abord se pencher sur certains destins particulièrement éclairants quant à l'impératif catégorique qui pèse sur chaque femme : son assignation au féminin. C'est pourquoi les législateurs de la Révolution française ne parleront pas d'esclavage ni d'aliénation[9] pour évoquer la condition des femmes, ils se référeront simplement aux lois de la nature pour justifier le passage d'un patriarcat monarchiste à un patriarcat fraternel. On tranche la tête du père et ce sont les fils qui se répartissent les femmes, tranchant la tête de celles qui réclament l'égalité des droits. Olympe de Gouge, bien sûr, perdra la sienne. C'est le prix à payer pour une femme qui s'adresse aux hommes d'égal à égal : cette citoyenne, en démocrate avérée, prend position sans qu'on la sollicite à travers des écrits engagés qu'elle signe et affiche dans le Paris révolutionnaire. C'est une femme qui s'exprime sur la question des femmes mais pas seulement et la diversité des thèmes abordés (l'esprit français, le procès du Roi, la Constitution, l'esclavage des noirs...) dans ses *Ecrits politiques* n'a d'égal que la liberté de ton qu'elle emploie pour défendre et faire partager son opinion. Quand elle attaque Robespierre, elle fait preuve d'une parole étonnamment libre :

---

[9] Figure d'exception : Condorcet et son plaidoyer pour l'égalité des droits entre hommes et femmes. Voir son écrit *Sur l'Admission des femmes au droit de cité*.

Je te plains, Robespierre, et je t'abhorre. Vois quelle différence entre nos âmes ! La mienne est véritablement républicaine, la tienne ne la fut jamais.[...] C'est moi, moi Maximilien, qui suis l'auteur de ton Pronostic ; moi, te dis-je, Olympe de Gouge, plus homme que femme[10].

S'adressant tour à tour aux jacobins, à la Reine, aux Français, à Robespierre et bien d'autres encore, la citoyenne de Gouge jouit d'être présente et volubile dans l'agora fraîchement disponible en cette période révolutionnaire. La Constitution de 1791 a pourtant séparé les citoyens en deux catégories : les citoyens actifs et les citoyens passifs. Les femmes, décrétées citoyennes passives, sont exclues du droit de vote et de l'éligibilité. Le débat n'a pas vraiment eu lieu, c'est dans le consensus qu'on enfonce les femmes dans la passivité alors qu'elles ont eu un rôle incroyablement actif dès le début de la Révolution française : la Pétition des Femmes du Tiers-État au Roi et surtout la marche sur Versailles avec les journées populaires d'octobre (5et 6 octobre 1789) où les femmes ramenèrent de force le Roi à Paris. D'où le mot de Mirabeau, en l'occurrence pertinent : « Tant que les femmes ne s'en mêlent pas, il n'y a pas de révolution ». Et les femmes s'en mêlèrent mais on les remit à leur place, jugeant que l'homme seul devait être actif. Le député Bonnaire, élu du Cher, voulant tirer les conséquences de la Révolution française en mars 1800, exhorte ses concitoyens à *fixer* les femmes dans le féminin pour qu'elles ne débordent plus dans la sphère masculine :

Que dans les premiers élans de la liberté, les femmes, cédant à l'impulsion générale, aient voulu

---

[10] Olympe de Gouge, *Ecrits politiques 1792-1793*, Côté-femmes, 1993, p. 167.

s'associer à la révolution d'une manière éclatante, et en signe de dévouement civique, arborer la cocarde à côté de leurs pères, et de leurs époux, je ne vois rien en cela que de louable ; mais si nous voulons rendre aux mots leur vraie signification, aux choses leur vraie valeur, si nous voulons faire du port de la cocarde une institution respectable, ne confondons plus la destination des sexes[11].

S'insurgeant contre cette assignation à la passivité, Olympe de Gouge rédige en septembre 1791 son meilleur texte, non pas le plus beau d'un point de vue littéraire mais le plus fort dans sa charge conceptuelle : *Les droits de la Femme et de la Citoyenne*. Le texte n'implore pas la compassion, ne mendie pas quelques droits supplémentaires: il exige ici et maintenant l'égalité de tous devant la loi et la reconnaissance de la femme comme alter ego de l'homme :

L'homme seul s'est fagoté un principe de cette exception. Bizarre, aveugle, boursouflé de sciences et dégénéré, dans ce siècle de lumières et de sagacité, dans l'ignorance la plus crasse, il veut commander en despote sur un sexe qui a reçu toutes les facultés intellectuelles ; il prétend jouir de la révolution, et réclamer ses droits à l'égalité, pour ne rien dire de plus[12].

C'est dans ce texte qu'on trouve la fameuse *Déclaration des droits de la femme et de la citoyenne* qui reprend les articles de la Déclaration des droits de l'homme et du citoyen du 26 août 1789 en rappelant que

---

[11] Cité par Paule-Marie Duhet dans son excellent ouvrage *Les femmes et la révolution 1789-1794*, Gallimard, 1988, p. 167.
[12] *Ibid*, p. 67.

les hommes naissent libres et égaux y compris quand ils sont des femmes. La femme n'est pas la propriété de l'homme mais son égale, d'où, en plus d'un appel au suffrage *vraiment* universel, le remplacement du mariage par le contrat social de l'homme et de la femme : tandis que le mariage donne à l'époux le statut de chef de famille et place l'épouse dans la situation d'une mineure, le Contrat Social développé par Olympe de Gouge est un Partenariat où les époux sont juridiquement égaux. Nous reviendrons avec Rousseau sur la question du mariage mais il faut souligner combien la Déclaration d'Olympe de Gouge, dans le fond comme dans la forme, est à la fois conforme à l'esprit des lois Républicaines et incroyablement subversive. Au moment où les hommes décident qu'il ne faut pas confondre la destination des sexes, une femme leur répond qu'il ne faut pas confondre l'universalisme républicain. Elle précise, phrase pertinente de l'article X de la Déclaration : « Une femme a le droit de monter à l'échafaud, elle doit également avoir celui de monter à la tribune ». Ayant pris parti pour les girondins en pleine Terreur, Olympe de Gouge tiendra sa dernière tribune devant le Tribunal Révolutionnaire qui aura sa tête le 3 novembre 1793. De cette femme il faudrait retenir l'indépendance courageuse mais aussi et surtout l'intelligence de son féminisme qu'elle a su faire parfaitement coïncider avec l'universalisme du régime Républicain, ce même universalisme qui a reconnu la qualité de citoyen aux Protestants (24 septembre 1789), aux Juifs (27 septembre 1791) et aux hommes de couleur libres (8 mars 1790)[13].

---

[13] Elisabeth et Robert Badinter, *Condorcet, Un intellectuel en politique*, Fayard, 1988.

Des armes et des larmes

Si l'on examine le rôle historique de Théroigne de Méricourt, c'est plus sur sa vie que sur son œuvre qu'il faudra se pencher : cette femme n'est pas une intellectuelle, son éclat n'est pas dans le concept mais dans l'usage qu'elle fit de sa liberté. Il y aurait beaucoup à dire sur cette femme, ses légendes et rumeurs, son passé de catin, sa folie finale, sa postérité dans les poèmes de Baudelaire, les récits de Michelet et les traités de psychiatrie du docteur Esquirol. Nous ne retiendrons pour les besoins de l'étude que deux aspects de Théroigne de Méricourt : la citoyenne engagée et le féminisme militaire. Cette femme se passionne pour la Révolution au point de louer un appartement à Versailles, rue de Noailles, afin de ne rater aucune des séances de l'Assemblée. Elle s'habille en amazone et se rend aux séances avec ferveur, consciente et émerveillée d'assister à un moment crucial de l'histoire du monde (au dix-huitième siècle la France est l'épicentre du continent et Paris s'impose comme la capitale de l'Europe[14]). Suite à la Déclaration des droits de l'homme et du citoyen, elle écrit ceci qui témoigne de son civisme :

> *« L'Assemblée me parut un beau et grand spectacle dont la Majesté me frappa ; j'éprouvois des grands sentiments et mon âme prit un nouvel essor. D'abord je ne comprenois pas grands choses à toutes ces délibérations, mais insensiblement je m'instruisis un peu et je parvins enfin à connaître la cause du*

[14] Voir Marc Fumaroli, *Quand l'Europe parlait français*, Fallois, 2001.

peuple et celle des privilégiés ; alors mon patriotisme augmenta à proportion que je fus persuadée que la justice et le bon droit étoit du côté du peuple[15]. »

Plante verte de l'Assemblée ? femme sensible applaudissant au travail des hommes ? Non, Théroigne ouvre et tient salon, et l'on sait tout ce que les lumières du dix-huitième siècle doivent aux salons tenus par des femmes plutôt actrices que spectatrices des discussions qu'elles encouragent chez elles. Théroigne de Méricourt devient l'archiviste du *Club des Amis de la loi* qu'elle fonde en janvier 1790 avec Gilbert Romme et Lanthenas. Cette société entend présenter au peuple les enjeux des débats qui ont lieu à l'Assemblée et contribuer ainsi à propager et enrichir les avancées de l'Assemblée.

La spécificité de Théroigne de Méricourt est d'avoir la première appelé les femmes à se battre pour sauver la Patrie menacée par la guerre (20 avril 1792 : Déclaration de guerre puis invasion Prusse). Non pas solliciter plus d'infirmières et de lessiveuses à l'arrière des combats mais lever des bataillons d'amazones pour porter le fer au front :

> *Elle ne se contente pas d'adhérer aux thèses de Brissot, elle s'engage aussi dans le combat du féminisme. Non pour réclamer l'égalité politique comme Etta Palm ou Condorcet, mais pour revendiquer le droit des femmes à porter les armes contre l'ennemi extérieur. Avant Pauline Léon et Claire Lacombe, qui voudront lever des bataillons féminins contre l'ennemi de l'intérieur, elle est donc la première à soulever la question des légions d'amazones, c'est-à-dire à s'inscrire dans la deuxième phase de l'histoire du*

---

[15] Elisabeth Roudinesco, *Théroigne de Méricourt, Une femme mélancolique sous la Révolution*, Seuil, 1989, p. 39.

féminisme originel : un féminisme « guerrier » succédant au féminisme politique[16].

Là où Olympe de Gouge réclamait l'égalité par le droit de vote et la révision d'un mariage par un Contrat Social équitable, Théroigne de Méricourt conjugue cette égalité entre les sexes jusque sur le champ de bataille en demandant des soldats des deux sexes pour sauver la France, socle de la Révolution et pays des droits de l'homme. Cet appel a été « entendu » puisque le 30 avril 1793 un décret de la Constituante interdit que l'armée soit encombrée de femmes :

> *Les femmes qui servent actuellement dans les armées seront exclues du service militaire ; il leur sera donné un passeport et cinq sous par lieu pour rejoindre leur domicile*[17].

Aux femmes désireuses de se battre pour la patrie, on leur répond qu'être soldat ne ressort pas de leur sexe, oubliant sûrement ce que l'Histoire de France doit au génie militaire de Jeanne d'Arc. Cette contribution de Théroigne de Méricourt au féminisme guerrier porte le débat sur la virilité des femmes : si ces dernières démontrent qu'elles sont de bons soldats et réussissent là où seuls les hommes sont censés réussir, alors il faudrait dénaturaliser le concept de virilité (du latin *vir*, homme) et s'interroger sur ce qui fonde le féminin, le masculin ainsi que leur hermétique mixité. D'où la réaction, le rappel à l'ordre pour évacuer les femmes hors du champ de bataille, hors du suffrage, hors de l'espace public : un

---

[16] *Ibid*, p. 100.
[17] Paule-Marie Duhet, *Les femmes et la révolution 1789-1793*, Gallimard, 1988, p. 120.

homme public est un grand homme, la femme publique sera la traînée, la pécheresse, la réprouvée.

En son âme et conscience

Le geste de Charlotte Corday nous interpelle : elle a tué Marat, et les hommes qui la jugent refusent d'y voir un acte politique. Cet attentat, parce qu'il a été commis par une jeune femme, ne peut pas – c'est impensable ! – avoir été exécuté de façon rationnelle et pour des motifs politiques. Il faut donc trouver d'autres raisons pour expliquer le geste de Charlotte Corday : la faire passer pour une demeurée qui a été manipulée par un amant, lui chercher des liens avec des ennemis notoires de Marat, trouver les preuves de sa démence, la faire passer pour une anarchiste, une royaliste, une aliénée. Mais ce qui nous retient et qui ressort de son procès, c'est qu'elle a agi de façon libre et cohérente, sans influence ni déraison. Elle est authentiquement républicaine et tient Marat pour le principal responsable de l'échec de la Révolution : c'est lui le théoricien de la Terreur, lui qui excite au meurtre et au sectarisme, lui qui réclame toujours plus de sang, de têtes et d'insurrection.

D'un côté Marat, de l'autre une femme jeune, vierge[18], campagnarde, inconnue. Marat, lui, n'est que trop connu à Paris comme en province pour réclamer toujours plus de violence, organisant depuis *l'Ami du peuple*, son journal, une surenchère dans l'insurrection et la haine. Il est pleinement responsable du tournant sanguinaire pris par la Révolution et c'est à ce titre qu'elle, qui n'est rien, entend le mettre à mort. C'est toute seule qu'elle se rend à Paris depuis Caen, toute seule qu'elle achète un poignard,

---

[18] Virginité attestée par l'autopsie.

seule encore qu'elle arrive chez lui, se fait introduire et l'achève. Elle ne cherche pas la fuite ni le mensonge : on l'arrête, elle reconnaît, elle s'explique. c'est là le vrai scandale : outre la mise à mort de Marat, l'érection sur la scène politique et dans l'Histoire d'une femme qui, au nom de l'idée qu'elle se fait de la République, tue celui qui selon elle en méprise les principes. Le président du Tribunal Révolutionnaire, Jacques Bernard Montané, cherche en vain à ôter à cet attentat politique ses raisons citoyennes pour qu'on retienne plutôt la démence ou la manipulation. Nous avons les minutes du procès et les réponses de Charlotte Corday sont à la fois simples et cohérentes. Elle sait que son attentat va la conduire à l'échafaud (guillotinée le 17 septembre 1793) et ne conteste pas ce juste sort : elle n'a donné la mort que par dégoût, par devoir de violence vis-à-vis d'un homme qu'il fallait neutraliser. Cet échange avec le président du tribunal, retranscrit par Jacqueline Dauxois[19], est émouvant comme la rencontre de l'effroi et de l'innocence. Une femme apprend aux hommes comment elle pense et arrive à agir en son âme, sexe et conscience là où de toute évidence on ne l'attendait pas :

- *Qui vous a engagé à commettre cet assassinat ?*
- *Ses crimes.*
- *Qu'entendez-vous par ses crimes ?*
- *Les malheurs dont il a été cause depuis la Révolution.*
- *Quels sont ceux qui vous ont engagée à commettre cet assassinat ?*
- *Personne, c'est moi seule qui en ai conçu l'idée. [...]*
- *Qui vous a dit que l'anarchie régnait à Paris ?*
- *Je le savais par les journaux.*

[19] Jacqueline Dauxois, *Charlotte Corday*, Albin Michel, 1988, p. 254.

- *Quels sont ceux que vous lisez ?*
- *« Perlet », « Le Courrier français », « Le Courrier universel ».[...]*
- *Ne vous-êtes vous point présentée à la Convention nationale dans le dessein d'y assassiner Marat ?*
- *Non.*
- *Qui vous a remis son adresse, trouvée dans votre poche, écrite au crayon ?*
- *C'est un cocher de fiacre.*
- *N'étiez-vous point l'amie de quelques-uns des députés transfuges ?*
- *Non.*
- *Qui vous a donné le passeport avec lequel vous êtes venue à Paris ?*
- *Je l'avais depuis trois mois.*
- *Quelles étaient vos intentions en tuant Marat ?*
- *De faire cesser les troubles et de passer en Angleterre, si je n'eusse point été arrêtée.*
- *Y avait-il longtemps que vous aviez formé ce projet ?*
- *Depuis l'affaire du 31 mai, jour de l'arrestation des députés du peuple.[...]*
- *C'est donc dans les journaux que vous avez appris que Marat était un anarchiste.*
- *Oui, je savais qu'il pervertissait la France. J'ai tué un homme pour en sauver cent mille. [...] J'étais républicaine bien avant la révolution et je n'ai jamais manqué d'énergie.*
- *Qu'entendez-vous par énergie ?*
- *Ceux qui mettent l'intérêt particulier de côté, et savent se sacrifier pour leur patrie.*
- *Ne vous-êtes vous point essayée d'avance, avant de porter le coup à Marat ?*
- *Oh ! le monstre, il me prend pour un assassin ! [...]*
- *Quelles sont les personnes qui vous ont conseillée de commettre cet assassinat ?*

- *Je n'aurais commis pareil attentat par le conseil des autres, c'est moi seule qui ai conçu le projet et qui l'ai exécuté.*
- *Mais comment pensez-vous faire croire que vous n'avez point été conseillée, lorsque vous dites que vous regardiez Marat comme la cause de tous les maux qui désolent la France, lui n'a cessé de démasquer les traîtres et les conspirateurs ?*
- *Il n'y a qu'à Paris qu'on a les yeux fascinés sur le compte de Marat. Dans les autres départements on le regarde comme un monstre.*
- *Comment avez-vous pu regarder Marat comme un monstre, lui qui ne vous a laissé introduire chez lui que par un acte d'humanité, parce que vous lui aviez écrit que vous étiez persécutée ?*
- *Que m'importe qu'il se montre humain envers moi, si c'est un monstre envers les autres ?*
- *Croyez-vous avoir tué tous les Marat ?*
- *Celui-ci est mort, les autres auront peur, peut-être.*

Marat avait écrit ceci quant à la place des femmes : « Les femmes et les enfants ne doivent prendre aucune part aux affaires parce qu'ils sont représentés par les chefs de famille[20]. » Le geste de Charlotte Corday lui a rappelé jusque dans sa chair qu'une femme se réservait le droit de prendre part aux affaires. Et c'est un geste fort puisque Marat est dans son bain quand il reçoit la jeune femme. L'inversion est totale : l'homme se délasse et fait sa toilette tandis que la femme, armée de l'arme phallique, lui porte un coup fatal, saignant l'homme le plus sanguinaire de la Révolution.

---

[20] *Ibid*, p. 73.

Les bijoux indiscrets

Nombreuses sont les femmes dont le destin éclaire, au moment où se constitue la République, cette assignation au féminin, cette place ingrate qu'on leur réserve et ce violent rappel à l'ordre lorsqu'une femme sort du féminin. Olympe de Gouge et Charlotte Corday perdent la tête sur l'échafaud, Théroigne de Méricourt perd la sienne à l'asile dans des conditions de vie inhumaines[21]. La dernière femme qui nous intéresse est Marie-Antoinette en raison de la haine qu'elle a cristallisée sur sa personne et qui a en quelque sorte permis de déculpabiliser la fronde contre Louis XVI : ce n'est pas le Roi qui est impuissant, c'est son épouse qui est lesbienne. Ce n'est pas le Roi qui est mauvais souverain, c'est l'Autrichienne qui conspire contre la France. C'est toujours sa faute à elle quand il agit mal ou n'agit pas, elle qui le pousse à l'inconséquence, elle sur qui repose l'essentiel des torts et des vices. On sait aujourd'hui que le rôle politique de Marie-Antoinette a été exagéré[22] et que la haine qu'elle a suscitée à son encontre relève essentiellement de l'hystérie collective dont Marie-Jo Bonnet analyse la dynamique :

> *Marie-Antoinette saura ce qu'il en coûte d'avoir transgressé l'étiquette pour partager avec Madame de Lamballe puis Madame de Polignac « les*

---

[21] La Salpêtrière des années 1800 est selon l'expression d'Elisabeth Roudinesco « l'enfer de la déraison ». Les « folles » sont nourries comme animaux et vivent dans leurs immondices au milieu des rats.

[22] Jean Chalon, *Chère Marie-Antoinette*, Perrin, 1997.

douces joies de l'amitié ».[...] Accusée des pires débauches, haïe comme reine étrangère, elle a le triste privilège de catalyser sur sa personne les attaques contre la royauté, le racisme anti-autrichien, la misogynie et l'homophobie. Pour la première fois en effet, on ne se contente plus de dénoncer ses « vices », on la représente avec ses amantes dans des « estampes satyriques » qui constituent, remarquons-le, les premiers « portraits » de lesbiennes.[...] Or, Louis XVI est le premier roi, depuis longtemps, à n'avoir pas eu de maîtresse et à être resté impuissant durant les sept premières années de son règne. La crise est bien réelle et en attaquant la liberté sexuelle féminine les pamphlétaires entendent restaurer dans toute son étendue le pouvoir viril « universel ». [...] C'est au moment où les révolutionnaires effacent la sodomie de la liste des crimes contre nature, que Madame de Lamballe est bientôt assassinée à la prison de la Force pour son « amitié excessive » envers la reine[23].

Voilà esquissée, en quatre portraits de femmes sous la Révolution, une certaine idée de l'être-femme, ce corset dans lequel une femme doit bien tenir – et peu importe qu'elle étouffe. Cette idée de ce qu'une femme doit être est si forte que l'avènement de la République, pourtant subversif dans son autorisation du divorce (30 août 1792), n'en reprend pas moins à son compte cette vision de la différence des sexes alors que le principe d'universalisme permettait enfin de considérer les femmes non pas en fonction de leur sexe mais comme des citoyennes ayant les mêmes droits que les citoyens mâles. La République a préféré reprendre et prolonger l'éternel féminin, renvoyant les femmes aux lois de leur sexe, dans la passivité et la soumission. Même Madame Roland, exemple pertinent

[23] Marie-Jo Bonnet, *Les deux amies, Essai sur le couple de femmes dans l'art*, Blanche, 2000, p. 115.

d'une femme en politique, forte de son expérience et de son pouvoir, en arrive à écrire ceci qui est sans appel dans sa mauvaise foi :

> *Je ne crois pas que nos mœurs permettent encore aux femmes de se montrer. Elles doivent inspirer le bien et nourrir, enflammer tous les sentiments utiles à la patrie, mais non paraître concourir à l'œuvre politique. [...] Elles ne peuvent agir ouvertement que lorsque les Français auront tous mérité le nom d'hommes libres. Jusque-là, notre légèreté, nos mauvaises mœurs rendraient au ridicule ce qu'elles tenteraient de faire et par là même anéantiraient ce qui autrement pourrait en résulter*[24].

Finalement, la seule femme que sacre la République, c'est une femme idéale, muette, belle et soumise, donnant le sein et incarnant l'exemple à suivre pour les femmes réelles : Marianne, bien sûr. Donner des enfants au mari et au nouveau régime, servir de muse pour encourager les hommes dans leurs actions publiques, magnifier les valeurs et vertus de la République par l'esthétique...« Je suis belle, ô mortels ! comme un rêve de pierre »[25]. Marianne sert de modèle[26], mais c'est bien avant elle que les penseurs du dix-huitième siècle, philosophes et pères de la Révolution à venir, recommandaient aux femmes de rester à leur place et annonçaient cet échec de la République à émanciper la moitié de ses enfants.

---

[24] Elisabeth Roudinesco, *Théroigne de Méricourt, Une femme mélancolique sous la Révolution*, Seuil, 1989, p. 32.

[25] Baudelaire, *Les fleurs du mal*, L'Aventurine, 2000, p. 45.

[26] Maurice Aguhlon, *Marianne au combat, L'imagerie et la symbolique républicaine de 1789 à 1880*, Flammarion, 1989.

La femme et l'état de nature

« Cultiver dans les femmes les qualités de l'homme, et négliger celles qui leur sont propres, c'est donc visiblement travailler à leur préjudice. Les rusées le voient trop bien pour en être les dupes ; en tâchant d'usurper nos avantages, elles n'abandonnent pas les leurs ; mais il arrive de là que, ne pouvant bien ménager les uns et les autres parce qu'ils sont incompatibles, elles restent au-dessous de leur portée sans se mettre à la nôtre, et perdent la moitié de leur prix. Croyez-moi, mère judicieuse, ne faites point de votre fille un honnête homme, comme pour donner un démenti à la nature ; faites-en une honnête femme et soyez sûre qu'elle en vaudra mieux pour elle et pour nous. S'ensuit-il qu'elle doive être élevée dans l'ignorance de toute chose, et bornée aux seules fonctions du ménage ? L'homme fera-t-il sa servante de sa compagne ? Se privera-t-il auprès d'elle du plus grand charme de la société ? Pour mieux l'asservir l'empêchera-t-il de rien sentir, de rien connaître ? En fera-t-il un véritable automate ? Non, sans doute ; ainsi ne l'a pas dit la nature, qui donne aux femmes un esprit si agréable et si délié ; au contraire, elle veut qu'elles pensent, qu'elles jugent, qu'elles aiment, qu'elles connaissent, qu'elles cultivent leur esprit comme leur figure ; ce sont les armes qu'elle leur donne pour suppléer à la force qui leur manque et pour diriger la nôtre. Elles doivent apprendre beaucoup de choses, mais seulement celles qu'il leur convient de savoir. »

Rousseau et Diderot sont sûrement les lumières les plus progressistes du dix-huitième siècle : à Jean-Jacques le contrat social le plus républicain jamais écrit, à Denis l'un des matérialismes le plus radical – avec ceux de La Mettrie et du Marquis de Sade – jamais professé. Ils font chacun la chasse aux préjugés, à l'intolérance, à la superstition. Une rage de savoir les plonge dans l'érudition, les salons, les correspondances. Rousseau propose son état de nature, son contrat social, sa pédagogie ; Diderot correspond avec Catherine de Russie et se lance dans l'Encyclopédie, fête de l'érudition et grand partage du savoir. Penchons-nous sur ces deux philosophes à la manière des quatre destins précédemment considérés : ils seront les révélateurs de cette mystique de la différence des sexes qui assigne aux femmes leur place, leur sexe, leur rôle. Le texte ci-dessus est un extrait du livre que Rousseau consacre à la pédagogie : *Emile ou de l'Education*. Tout y est dit, condensé, explicite : la femme n'est pas un homme, leurs sexes diffèrent et tout doit différer selon cette différence originelle, à commencer par l'éducation. Donner aux filles la même éducation qu'aux garçons, c'est-à-dire le même savoir, des compétences égales et par conséquence des prétentions professionnelles, c'est infliger « un démenti à la nature ». La nature, voilà le grand mot, la source et la loi, la raison d'être d'une inégalité d'éducation et d'existence entre les sexes. En matière de nature, Rousseau se pose en spécialiste depuis son *Discours sur les origines et les fondements de l'inégalité parmi les hommes* (1755) où il expose sa version de l'état de nature. D'entrée de jeu, il pose un constat :

> *Je conçois dans l'espèce humaine deux sortes d'inégalité ; l'une que j'appelle naturelle ou physique, parce qu'elle est établie par la nature, et qui consiste dans la différence des âges, de la santé, des forces du corps, et des qualités de l'esprit, ou de l'âme, l'autre*

qu'on peut appeler inégalité morale, ou politique, parce qu'elle dépend d'une sorte de convention, et qu'elle est établie, ou du moins autorisée par le consentement des hommes. Celle-ci consiste dans les différents privilèges, dont quelques-uns jouissent, au préjudice des autres, comme d'être plus riches, plus honorés, plus puissants qu'eux, ou même de s'en faire obéir[27].

L'inégalité entre les sexes, cette obéissance que la femme doit à l'homme, ce destin d'inférieure et de passive qu'on impose aux femmes : de quelle inégalité relève-t-elle d'après Rousseau ? De la nature. Le théoricien du *Contrat Social* aurait pu voir dans le mariage un contrat social qui consacre l'appropriation par l'homme de la femme comme moyen de production et de reproduction, il aurait pu y voir une forme perverse d'esclavage qui aliène la femme au profit de l'homme, faisant de cette dernière une éternelle mineure, une éternelle enfant au service de son mari. Non, il n'y a vu qu'un décret de la nature qui fait de la femme non pas un individu mais la propriété de l'homme :

L'homme sauvage, privé de toute sorte de lumières, n'éprouve que les passions de cette dernière espèce ; ses désirs ne passent pas ses besoins physiques ; les seuls biens, qu'il connaisse dans l'univers sont la nourriture, une femelle et le repos[28].

Plus loin il est précisé que la femme doit obéissance à l'homme :

---

[27] Rousseau, *De l'inégalité parmi les hommes*, Flammarion, Librio, 1999, p. 23.

[28] *Ibid*, p. 34.

Commençons par distinguer le moral du physique dans le sentiment de l'amour. Le physique est ce désir général qui porte un sexe à s'unir à l'autre ; le moral est ce qui détermine ce désir et le fixe sur un seul objet exclusivement, ou qui du moins lui donne pour cet objet préféré un plus grand désir d'énergie. Or il est facile de voir que le moral de l'amour est un sentiment factice ; né de l'usage de la société, et célébré par les femmes avec beaucoup d'habilité et de soin pour établir leur empire, et rendre dominant le sexe qui devrait obéir[29].

Voilà qui est clair : la femme n'obéit pas toujours car elle est fourbe mais c'est pourtant son devoir. Notons au passage que pour Rousseau le désir est forcément hétérosexuel, ce qui se traduit dans la mystique de la différence des sexes comme l'impératif de mixité : la femme est inférieure mais elle est nécessaire, les sexes sont inégaux mais leur complémentarité est un devoir sexuel.

Ce qui nous interpelle et nous déçoit, c'est que Rousseau à plusieurs reprises fournit des arguments pour penser et critiquer cette différence des sexes, par exemple lorsqu'il dit « qu'entre les différences qui distinguent les hommes, plusieurs passent pour naturelles qui sont uniquement l'ouvrage de l'habitude et des divers genres de vie que les hommes adoptent dans la société ». Et la différence des sexes, c'est-à-dire la mise au pas des femmes par les hommes, n'est-elle pas justement un rapport de force relevant du culturel et non des lois de la nature ? Plus loin : « Le premier qui, ayant enclos un terrain, s'avisa de dire : *Ceci est à moi*, et trouva des gens assez simples pour le croire, fut le vrai fondateur de la société civile. » Cet homme, nous dit Rousseau, est un

[29] *Ibid*, p. 48.

imposteur. Mais qu'en est-il de cet homme qui, épousant une femme, en devient le maître éhonté et l'absolu propriétaire ? Celui-là aussi est un imposteur.

Dans un brillant essai consacré à une lecture critique des contrats sociaux de Hobbes à Rousseau, Carole Pateman analyse la permanence d'un point commun entre tous : le contrat social est aussi, de façon implicite mais lourde de conséquence, un contrat sexuel qui assure le passage d'un patriarcat à un autre à travers l'avènement de la *fraternité*. A chaque fois l'état de nature justifie l'union des sexes avec toujours le même rapport de force : la femme faible au service de l'homme, ce dernier étant le seul sujet du *Contrat Social*, le seul dont l'entendement et la force lui permettent d'être l'individu contractuel :

> *To tell the story of the sexual contract is to show how sexual difference, what it is to be a « man » or « woman », and the construction of sexual difference as sexual difference, is central to civil society*[30].

La fiction du contrat social est de mettre en scène les origines de l'homme, éclairer les lois de la nature avant que l'espèce humaine ne soit en proie aux lois de la culture. Il suffit d'étudier la place de la femme dans cet état de nature pour y voir, déjà, les préjugés culturels inscrire la domination masculine dans la virginité d'une sauvagerie des débuts de l'humanité. La femme, en tant que femme, déchoit de la possibilité de conclure un contrat social : elle est réduite à conclure un contrat sexuel qui consacre son aliénation à l'homme dans le cadre du droit conjugal. Et Rousseau, pourtant original à bien des égards,

[30] Carole Pateman, *The Sexual Contract*, Polity, 1997, p. 16.

souscrit à cette vision conservatrice de la différence des sexes :

> *Rousseau, who was critical of so much else in the theories of Hobbes, Pufendorf and Locke, has no difficulty with their arguments about conjugal right. He maintains that civil order depends on the right of husbands over their wives, he argues, arises from natures, from the very different natural attributes of the sexes. Rousseau has much more to say about what it is in women's natures that entails that they must be excluded from civil life. He elaborates at some length on the reasons why women « never cease to be subjected either to a man or to the judgement of men », and why a husband must be a « master for the whole of life*[31]*. »*

Avec Rousseau, l'espace et le pouvoir se partagent selon la différence des sexes : aux hommes l'espace public et le pouvoir, aux femmes l'intérieur du foyer et la domesticité[32]. Diderot le rejoint sur ce point puisqu'il conseille à sa fille d'appliquer ce partage vis-à-vis de son époux : « Les affaires extérieures sont les siennes, celles du dedans les vôtres. Ordonnez votre maison avec intelligence et économie[33]. »

---

[31] *Ibid*, p. 53.
[32] Voir Geneviève Fraisse, *Les deux gouvernements, La famille et la cité*, Gallimard, Folio, 2000.
[33] Cité par Elisabeth Badinter, *Qu'est-ce qu'une femme ?* POL, 1989.

La femme-machine

Diderot, à l'instar de Rousseau, a tenu en son siècle des propos audacieux et libertaires qui l'inscrivent définitivement comme un grand nom du matérialisme, et c'est pourtant une mauvaise maîtrise du matérialisme qui l'amène à porter sur les femmes une opinion rétrograde qui tient en une phrase : « Si nous avons plus de raison que les femmes, elles ont bien plus d'instinct que nous ». La femme est plus proche que l'homme de l'animal, son corps la rend encline à l'émotion, à la passion, aux humeurs, à l'hystérie. L'homme au contraire est préservé des intempéries de ce genre, comment pourrait-il être hystérique lui qui n'a pas d'utérus (l'étymologie grecque d'hystérie vient d'utérus) ? Dans un court texte intitulé *Sur les femmes* et paru en 1774 en réaction à un essai sur les femmes de l'Académicien Thomas, Diderot défend la mystique de la différence des sexes non pas en proposant son état de nature mais en bon médecin qui juge l'âme d'après le corps. Son matérialisme sert de méthode comme il s'en explique dans sa *Lettre sur les aveugles* :

> *Je n'ai jamais douté que l'état de nos organes et de nos sens n'ait beaucoup d'influence sur notre métaphysique et sur notre morale, et que nos idées les plus purement intellectuelles, si je puis parler ainsi, ne tiennent de fort près à la conformation de notre corps.*

Dès lors, puisque le corps des femmes diffère de celui des hommes, il faudra établir dans cette différence anatomique la divergence des destins. Pour Diderot le destin des femmes est inscrit dans la débilité et la faiblesse de leur corps :

> *Fixez avec le plus de justesse et d'impartialité que vous pourrez les prérogatives de l'homme et de la femme, mais n'oubliez pas que faute de réflexion et de principes rien ne pénètre jusqu'à une certaine profondeur de conviction dans l'entendement des femmes ; que les idées de vertu, de vice, de bonté, de méchanceté nagent à la superficie de leur âme*[34].

Diderot et Rousseau ont été conservateurs et rétrogrades sur la question des femmes : là où ils auraient pu faire preuve d'une pensée progressiste et libérale, ils ont confirmé et conforté une vision essentialiste de la femme, assignant cette dernière à vivre dans le féminin et la sommant de servir l'homme sans jamais vouloir lui ressembler. En relisant Diderot et Rousseau, ces philosophes si en avance sur leur temps, on reste interdit et médusé devant leur conservatisme sur la question de la femme : au lieu de lui donner des droits et l'égalité, ils lui ont donné une nature, le féminin, et un destin, obéir. Dès lors, on comprend mieux comment et pourquoi la République n'a pas fait en politique ce que les penseurs des Lumières n'avaient su faire en philosophie.

---

[34] Ibid.

Deuxième partie :

Les homosexuels et l'ordre symbolique

« Vous ne connaissez que la grâce du corps des morts. »
Marguerite Duras, *La maladie de la mort.*

« Toi, tu es la femme-araignée, qui attrape les hommes dans sa toile. »
Manuel Puig, *Le baiser de la femme-araignée*.

Du grabuge dans le placard

Des femmes sous la Révolution française, nous passons aux homosexuels des années Pacs. Toujours la France, toujours la République, toujours la différence des sexes. Pourquoi ce saut de plus de deux siècles dans le temps et ce glissement des femmes vers les homosexuels ? La principale raison en étonnera plus d'un : l'homosexualité n'existait pas sous la Révolution française. La personne homosexuelle est un montage juridico-médical, une invention du dix-neuvième siècle positiviste, puritain et policier. Il y avait bien sûr des tribades[35] et des sodomites, mais leurs actes seuls existaient, il faut attendre la fin du dix-neuvième siècle avant que les médecins, psychiatres et sexologues ne créent une identité à partir d'un acte : l'homosexuel à partir de l'orientation non hétérosexuelle. Foucault dans son *Histoire de la sexualité* donne les années 1870 comme naissance de l'homosexuel dans le cadre d'une psychologisation du sexe et d'une taxinomie laïque et scientiste attestant le glissement du pouvoir de l'idéologie religieuse à l'idéologie médicale. Le fait homosexuel n'est pas contesté dans son ubiquité, simplement la façon d'appréhender l'acte (homo)sexuel diffère incroyablement selon le cadre spatio-temporel où il s'exécute. Ainsi l'initiation des jeunes hommes à la maturité telle que la

[35] Tribade veut dire lesbienne, couramment utilisé du seizième au dix-neuvième siècle. Voir l'étude historique et linguistique de Marie-Jo Bonnet, *Les Relations amoureuses entre les femmes*, Poches Odile Jacob, 2001.

raconte Maurice Godelier chez les Baruya[36] nous semble témoigner de mœurs homosexuelles puisqu'il y a fellation entre hommes : il n'en est pourtant rien et nous pourrions dire « ceci n'est pas une pipe » car il s'agit d'un rite d'initiation très codifié qui s'accomplit par ailleurs dans une société misogyne et homophobe. De même les couples de femmes vivant maritalement dans les tribus de Nuer étudiés par Evans-Pritchard nous semblent être des lesbiennes puisqu'elles forment un couple : ici encore point d'homosexualité mais une loi de parenté qui veut qu'une femme dont la stérilité est avérée devienne socialement un homme en prenant une femme pour épouse et en étant investie aux yeux de tous d'un rôle et des prérogatives qui relèvent de l'homme seul. Ni fellation, ni couple de lesbiennes : l'évidence empirique est reprise par les lois et rites de la tribu. Il apparaît que c'est toujours la culture qui prend et reprend à son compte la nature. L'historicité de l'homosexualité renvoie d'ailleurs – quelle ironie ! – à l'historicité de l'hétérosexualité[37] :

> *Homosexualité et hétérosexualité, comme nous les entendons couramment, sont des productions modernes, occidentales et bourgeoises. On ne peut rien trouver qui leur ressemble dans l'Antiquité classique. Une certaine identification du soi avec le soi sexuel fait ses débuts dans l'Antiquité tardive ; elle fut renforcée par la confession chrétienne. Ce n'est qu'au haut Moyen Âge que certaines sortes d'actes sexuels commencent à être identifiées à certains types sexuels spécifiques de personnes : un « sodomite » commence à désigner, non pas simplement la personne qui commet*

---

[36] Maurice Godelier, *La production des Grands Hommes*, Champs Flammarion, 2003.

[37] Voir Jonathan Ned Katz, *L'invention de l'hétérosexualité*, EPEL, 2002.

un acte de sodomie, mais quelqu'un qui se distingue par un certain type de subjectivité, spécifiquement sexuelle, qui induit cette personne à commettre ces actes ; néanmoins, la sodomie reste un acte vicieux que quiconque, suffisamment tenté, peut être amené à commettre. À Londres et à Paris, au dix-septième et au dix-huitième siècles, apparaissent – évidemment pour la première fois et en liaison avec la naissance du mariage d'amour – des lieux où se rassemblent des personnes du même sexe qui ont les mêmes attitudes déviantes à l'égard du sexe et du genre et qui souhaitent se socialiser et avoir des relations sexuelles avec autrui. [...] L'émergence de l'homosexualité à partir de l'inversion, la formation d'une orientation sexuelle indépendante des degrés relatifs de masculinité et de féminité, a lieu dans la seconde partie du dix-neuvième siècle et ne trouve son aboutissement qu'au vingtième[38].

Même si l'on traite Marie-Antoinette de tribade et que la Révolution française dépénalise le délit de sodomie (en 1791), il n'y a pas lieu de se pencher sur les conditions des homosexuels – et encore moins des gays – pendant cette période où, *conceptuellement*, ils n'existent pas. Pourquoi, dès lors, attendre les années Pacs ? Parce que les débats qui ont eu lieu lors du Pacte Civil de Solidarité constituent un moment privilégié pour comprendre la permanence et la prégnance de cette mystique de la différence des sexes : autant la Révolution française, au moment de la République naissante, nous a paru révélatrice du déni de l'universalisme en maintenant pour les femmes leur assignation au féminin, autant la problématique de la reconnaissance juridique du couple homosexuel, en fin de cinquième République, maintient

---

[38] David Halperin, *Cent ans d'homosexualité et autres essais sur l'amour grec*, EPEL, 2000, p. 24.

les homosexuels sous le joug de l'ordre symbolique. Or le féminin et l'ordre symbolique, nous le verrons bientôt, sont les deux composantes de la mystique de la différence des sexes qui s'articule sur un double impératif : le féminin et le masculin doivent être hermétiques et complémentaires, toujours dans l'irréductible différence et l'obligatoire mixité. Aux femmes réclamant la liberté du corps et l'égalité des droits, on a rappelé le féminin comme niche et laisse du deuxième sexe. Aux homosexuels réclamant la liberté du corps et l'égalité des droits, on rappelle qu'en formant des couples du même sexe ils nient la différence des sexes et leur nécessaire agencement. Ce saut dans le temps et ce glissement dans le sujet tend aussi et enfin à montrer à quel point l'idéologie républicaine est continuellement parasitée par cette mystique de la différence des sexes qui lui est historiquement atavique et théoriquement réfractaire.

Liberté, Égalité, Hypocrisie

C'est le 9 novembre 1999 que le Pacte Civil de Solidarité est définitivement adopté, rendu conforme à la Constitution de la République par le Conseil Constitutionnel. Ce partenariat est un ensemble de droits et devoirs qui consacre l'union de deux citoyens majeurs. Sa particularité est de consacrer indifféremment les couples homo ou hétérosexuels, c'est donc une reconnaissance juridique du couple homosexuel en plus d'être une alternative au mariage et au concubinage. C'est précisément sur la notion de reconnaissance que nous souhaiterions porter nos critiques : il nous semble *a posteriori* que le Pacs, tout en reconnaissant la réalité du couple homosexuel, en souligne l'infériorité et l'inégalité par rapport au couple hétérosexuel. L'égalité de tous devant la loi, valeur cardinale de la République, fait du mariage un partenariat sectaire entérinant l'asymétrie entre les citoyens de première classe – hétérosexuels – et ceux de deuxième classe – homosexuels- comme sous la Révolution la séparation entre citoyens actifs – hommes – et citoyens passifs – femmes. Alors que le Pacs n'a pas été conçu dans une logique communautaire en s'ouvrant à tous, c'est l'institution du mariage qui, en discriminant les couples de même sexe, nie en pratique les valeurs de la République.

En raison de la violence des débats tant à l'Assemblée Nationale que dans les médias et les manifestations de rue, il a semblé - après le *filibustering* de l'opposition conservatrice et l'exception d'irrecevabilité du 9 octobre 1998 – que le vote du Pacs était finalement une grande victoire. C'est une victoire si et seulement si elle s'accompagne d'une véritable égalité des droits, c'est-à-dire du droit au mariage et à l'adoption pour les couples homosexuels. Au contraire si le Pacs est une fin en soi et non le moyen d'accélérer la remise en cause de cette inégalité entre citoyens selon leur orientation sexuelle, alors nous serions dans un régime de tolérance et non de reconnaissance. Dans la dialectique du Maître et de l'Esclave, Hegel montre comment le Maître maintient sa domination vis-à-vis de l'Esclave : tout d'abord par la force, en risquant sa vie, puis par la ruse, en imprimant dans le corps et l'esprit de l'Esclave son aliénation. C'est ainsi que la tolérance est utilisée par le Maître comme moyen de lubrifier sa pénétration de l'Esclave : ce dernier, satisfait d'obtenir quelques droits et de la clémence, sacrifie tout projet de lutte pour l'égalité et la dignité, préférant louer le Maître pour sa magnanimité que lui réclamer plus encore : être considéré comme un *alter ego*. C'est là toute la nuance entre la tolérance qui confirme un rapport de force et la reconnaissance qui le subvertit. Concéder aux homosexuels un sous-mariage et préserver le mariage dans son exclusivité hétérosexuelle ne cadre aucunement avec les principes d'égalité et de fraternité :

> *Le Pacte civil de solidarité (Pacs) a une histoire paradoxale : si le projet est au départ porté par des groupes militants homosexuels, sa mise en œuvre politique a dilué le lien entre homosexualité et conjugalité. En cela, le Pacs ne peut être considéré que comme une étape, significative certes, mais insuffisante par rapport aux recommendations du Parlement européen en matière d'égalité des droits pour les homosexuels, ou à l'adoption par les Pays-Bas de*

l'élargissement du mariage aux couples du même sexe. [...]

Le Pacs n'a finalement été pensable et politiquement traitable qu'au prix de deux grands renoncements : d'une part, le refus de traiter de façon identique l'homosexualité et l'hétérosexualité et le choix de laisser la première dans un statut périphérique afin de ne pas mettre en question les fondements de la politique familiale ; d'autre part, le sacrifice de l'égalité de tous face au droit commun, sacrifice que la gauche a accompli allègrement avec des arguments hâtifs, du réalisme politique à la sauvegarde des grands « repères symboliques[39]. »

Le vote du Pacs n'est pas le seul élément pointant l'infériorisation de la citoyenneté quand elle est homosexuelle : la jurisprudence en matière d'adoption et les lois bioéthiques de 1994 sur l'AMP (assistance médicale à la procréation) constituent également des faits révélateurs. La loi du 11 juillet 1966 précise qu'un français célibataire de plus de 28 ans peut être candidat à l'adoption sans exclusivité quant à son orientation sexuelle : pourtant en l'absence de discrimination licite, ce qui est promu en théorie est dénié dans la pratique comme en atteste l'arrêt du mois de février 2002 par lequel la Cour Européenne des Droits de l'Homme a refusé de condamner la France dans l'affaire qui l'opposait à Philippe Fretté. Ce dernier avait essuyé le rejet de sa candidature à l'adoption alors que rien ne justifiait ce refus d'agrément au regard des conditions psychologiques et matérielles du candidat : seule son homosexualité a motivé le refus. C'est dire que même quand la loi est juste, la jurisprudence parvient à créer la discrimination entre

---

[39] Daniel Borillo, Pierre Lascoumes, *Amours égales ? Le Pacs, les homosexuels et la gauche*, La Découverte, 2002, p. 5.

homo et hétérosexuel là où elle n'est pas inscrite dans le droit[40]. Le deuxième exemple n'est pas moins édifiant que le premier : il concerne l'application juridique d'une innovation technique fondamentale, l'assistance médicale à la procréation (AMP). Alors que cette technique permet l'efficacité d'une fécondation artificielle sans consommation sexuelle, les législateurs ont circonscrit l'usage qui pouvait en être fait pour le réserver aux seuls couples hétérosexuels, mariés ou vivant ensemble depuis au moins deux ans. Dans un essai consacré à l'appréhension juridique de la sexualité, la juriste Marcela Iacub juge « extravagante » non seulement cette restriction de l'usage d'une technique qui pourrait être salutaire pour la maternité lesbienne mais aussi et surtout cette volonté du législateur de *naturaliser* le processus de l'AMP en le calquant sur le processus de la procréation ordinaire :

> *Pour avoir accès à l'AMP, les lois bioéthiques exigent deux protagonistes, un homme et une femme, excluant les couples homosexuels, qui n'auraient jamais pu avoir de relations sexuelles fécondes. Il faut que cet homme et cette femme soient mariés ou qu'ils vivent ensemble depuis deux ans. Cette conception dérive de la notion d'infertilité pathologique élaborée par la médecine, selon laquelle un couple ne peut être réputé stérile qu'au terme de deux ans de relations sexuelles infertiles.[...] Alors que, pour les hommes, il n'y a pas de limite d'âge pour procréer, la femme, elle, doit être encore en âge de procréer.[...]*
>
> *Pour renforcer sa puissance, le droit a toujours utilisé la référence à la nature, d'une manière*

---

[40] Sur le double jeu de la jurisprudence, voir le premier chapitre de l'essai de Eve Kosofsky Sedgwick, *Epistemology of the Closet*, University of California Press, 1990.

indirecte ; la nature étant ce que la volonté humaine ne peut pas modifier et, de ce fait, ce qui rend légitimes certaines institutions et certaines règles. Si la nature est évacuée comme hors du droit, comment construire des règles posant des noyaux durs infranchissables par la volonté humaine, comment par conséquent légitimer certaines institutions ou leur physionomie (mariage, filiation) fondées sur la reproduction sexuée ?

La structure de l'AMP paraît répondre à cette nécessité du droit de se doter d'une nature, bien qu'elle soit falsifiée et préfabriquée. Grâce aux artifices de ce « crime parfait », l'on pourra penser qu'un acte sexuel agonisant s'est imposé au droit, et non que c'est le droit qui l'a monté de toutes pièces. L'AMP constitue une tentative théâtrale, caricaturale, dérisoire pour faire croire que la réalité naturelle est encore ferme et épaisse, que la loi fait autre chose que des choix artificieux et arbitraires dans le vide[41].

De même que quatre femmes sous la Révolution française avaient suffi à révéler les implications politiques – et antirépublicaines - de l'assignation au féminin, de même l'examen du droit contemporain en matière de partenariat, d'adoption et de procréation artificielle révèlent aussi les implications politiques qui soumettent les homosexuels à une citoyenneté inférieure à celle des citoyens hétérosexuels. Cette fois-ci ce n'est pas l'assignation au féminin mais le respect de l'ordre symbolique qu'on impose et oppose aux homosexuels dans leurs revendications pour l'égalité de tous devant la loi. La féminité, nous l'avons vu, implique au dix-huitième siècle un corps faible, émotif et hystérique ainsi

[41] Marcela Iacub, *Le crime était presque sexuel, Et autres essais de casuistique juridique*, EPEL, 2002, p. 160.

qu'un destin de femme au foyer, soumise à l'époux et condamnée à l'espace intérieur des travaux domestiques. Qu'en est-il de l'ordre symbolique, de sa rhétorique, de ses fondements ?

De la mystique à la théorie

> *Il y a d'autres raisons pour lesquelles l'« homme et la femme ne peuvent exister l'un sans l'autre », d'autres dépendances : la dépendance érotique, pour le plaisir ; la dépendance biologique, pour la procréation ; et la dépendance affective, qui recoupe toutes les autres. [...] Cependant, en affirmant, avec Aristote, que l'homme et la femme ne peuvent exister l'un sans l'autre, nous nous plaçons dans le cas général de l'interdépendance des deux sexes. On me reprochera sans doute de considérer ici comme* naturelle *cette dépendance mutuelle, et donc d'admettre implicitement que l'humanité est* naturellement *« hétérosexuelle ». J'assume ce point de départ comme relevant de l'évidence*[42].

Tout est dit et tout se retrouve en peu de mots sous la plume de Sylviane Agacinsky : la nature, l'évidence et l'interdépendance. Ce que nous avons trouvé dans les écrits de Rousseau et qui devait orchestrer le premier brouillage de la République française par la différence des sexes se retrouve deux siècles plus tard dans les écrits d'un professeur de philosophie dont l'influence aussi n'a pas été sans marquer et souligner ce brouillage. En effet le mari de Sylviane Agacinski, lorsqu'il fut premier ministre de 1997 à 2002, a fait sienne la théorie de son épouse qui conçoit l'humanité sous l'angle de la division sexuelle avec la contrainte du principe de mixité et d'égalité entre

[42] Cité par Sabine Prokhoris dans *Le sexe prescrit*, Aubier, 2000, p. 176.

les sexes rigoureusement différents et dépendants. Ceci explique d'une part l'inscription de la division sexuelle des citoyens dans la Constitution de la République française – infraction au principe de l'universalisme qui repose sur une vision abstraite d'une égalité parfaite entre citoyens – dans le cadre de la loi sur la parité ; et d'autre part le fait que le vote du Pacs ait été volontairement conçu comme un substitut de mariage pour les couples homosexuels, ces derniers ne pouvant avoir accès au mariage puisque l'humanité est *évidemment* et *naturellement* hétérosexuelle. Suite à l'émergence de la pensée *queer* aux Etats-Unis et des écrits d'Elisabeth Badinter en France – notamment ses essais *L'amour en plus* qui est une déconstruction du mythe de l'instinct maternel et *L'un est l'autre* qui annonce la fin de la différence des sexes – nombreux sont les intellectuels qui ont souhaité fortifier la mystique de la différence des sexes pour en rappeler l'évidence. Si la différence des sexes était à ce point évidente et naturelle, pourquoi faudrait-il régulièrement la défendre et l'imposer ? Les débats sur le Pacs ont permis de cristalliser l'urgence de rappeler aux homosexuels qu'ils étaient tolérés mais certainement pas reconnus comme égaux car seuls les hétérosexuels réalisent pleinement le devoir de mixité qui constitue le pacte de la différence des sexes. Le Pacs précise aux homosexuels qu'ils ont leur place dans la cité mais que cette place est choisie par les hétérosexuels qui sont les seuls à jouir d'une citoyenneté sans discrimination quant à leur orientation sexuelle. On a rappelé aux femmes qu'elles ne seraient jamais des hommes en leur assignant le féminin comme garde-fou, on rappelle aux homosexuels qu'ils ne seront jamais des hétérosexuels car en formant des couples du même sexe ils dénient la différence des sexes et sont un modèle dangereux pour la société : les femmes comme les homosexuels sont tenus de respecter l'ordre symbolique.

Dans notre société où il est devenu péjoratif d'être réactionnaire et embarrassant d'assumer des positions rétrogrades, on a remplacé l'ordre moral par l'ordre symbolique, habile procédé sophistique qui remplace une expression conservatrice qui suppose la passion de l'ordre et le repli sur soi par un jargon d'anthropologue qui connote au contraire l'esprit cosmopolite et la prise en compte des autres :

> *Si cette position est fort rarement énoncée comme telle, et rarement aussi assumée explicitement, elle n'en est pas moins très diffusée ; elle peut non seulement passer pour une attitude éthique face au droit, mais encore elle oriente la création et conservation du droit par le législateur et par le juge. En France, elle s'est exprimée par la référence passablement ésotérique à un dénommé « ordre symbolique », triste flammèche que quelques esprits en mal de grands mots ont pu sauver de l'extinction du joyeux incendie du structuralisme anthropologique et psychanalytique des années 1950 à 1970, en particulier de Claude Lévi-Strauss et de Jacques Lacan...On se serait contenté de sourire en voyant comment les parlementaires de la droite extrême ont pu aligner la Bible et les* Structures élémentaires de la parenté *pour convaincre leurs collègues de la catastrophe que le Pacs pouvait représenter pour l'histoire humaine*[43].

Voilà comment les intellectuels de gauche ont voulu échapper à l'étiquette de « nouveaux réactionnaires » alors qu'ils rejoignent parfaitement ceux

[43] Marcela Iacub, *Le crime était presque sexuel et autres essais de casuistique juridique*, EPEL, 2002, p. 10.

de droite sur la notion de défense de l'ordre symbolique et sur la nécessité de préserver une asymétrie entre homos et hétérosexuels :

> *Doit-on trouver normal que toute différence soit traitée comme une discrimination et que ceux qui choisissent ou assument de vivre une différence exigent en même temps que celle-ci soit neutralisée au nom de l'égalité*[44] *?*

Cette tribune, signée le 27 janvier 1999 dans *Le Monde*, s'intitule *Ne laissons pas la critique du PACS à la droite !* Nous nous étonnions qu'au siècle des lumières tout le monde, y compris Diderot et Rousseau, adhèrent et renforcent la différence des sexes en renvoyant les femmes au féminin quand elles exigent l'égalité des droits avec les hommes. De même nous ne pouvons qu'être interpellés par le ralliement des intellectuels progressistes à une cause aussi antirépublicaine que l'inégalité de tous devant la loi sous prétexte de différence choisie ou assumée. Face à la double contestation, politique et philosophique, de la mystique de la différence des sexes, il a fallu que la mystique s'incarne dans les écrits, devienne théorie, s'assume comme politique, relève non plus de l'inné et des lois immuables de la nature mais de l'acquis et de l'évolutif. On cherche chez Aristote, Freud, Lévi-Strauss et bien d'autres les preuves de l'évidence, mais tant de preuves ne prouvent qu'une chose qui a été écrite et analysée entre autres par Monique Wittig :

> *La pérennité des sexes et la pérennité des esclaves et des maîtres proviennent de la même croyance. Et comme il n'existe pas d'esclaves sans*

---

[44] Tribune signée par C. Eliacheff, A. Garapon, N ; Heinich, F. Héritier, A. Nouri, P. Veyne et H. Wismann.

maîtres, il n'existe pas de femmes sans hommes. L'idéologie de la différence des sexes opère dans notre culture comme une censure, en ce qu'elle masque l'opposition qui existe sur le plan social ente hommes et femmes en lui donnant la nature pour cause. Masculin/féminin, mâle/femelle sont les catégories qui servent à dissimuler le fait que les différences sociales relèvent toujours d'ordre économique, politique et idéologique. Tout système de domination crée des divisions sur le plan matériel et sur le plan économique. Par ailleurs, les divisions sont rendues abstraites et mises en concept par les maîtres et plus tard par les esclaves lorsque ceux-ci se révoltent et commencent à lutter. Les maîtres expliquent et justifient les divisions qu'ils ont créées en tant que résultat de différences naturelles. Les esclaves, lorsqu'ils se révoltent et commencent à lutter lisent des oppositions sociales dans ces soi-disant différences naturelles.
Car il n'y a pas de sexe. [...] C'est l'oppression qui crée le sexe et non l'inverse[45].

C'est pourquoi, lorsque les homosexuels exigent l'égalité, on ne tarde pas à leur expliquer qu'ils seront toujours coupables de n'être pas hétérosexuels, et que ce refus de la différence des sexes se paie par une autre différence – la discrimination.

---

[45] Monique Wittig, *La Pensée straight*, Balland, 2001, p. 42.

L'impératif hétérosexuel

Notre première interrogation est d'ordre phénoménologique : faut-il avoir des liens érotiques avec l'autre sexe pour se voir décerner la mention « apte à comprendre l'altérité » ? Un homme qui a des rapports sexuels avec une femme, même s'il est misogyne, même s'il est bête, ou violent, ou homosexuel refoulé, aura toujours selon les théoriciens de l'ordre symbolique ce privilège d'être ouvert à la différence. Son hétérosexualité lui garantit tout ce dont prive l'homosexualité :

> *« Qu'on le veuille ou non, l'homosexualité reste le symptôme d'un problème psychique et d'un en deçà de la différence des sexes[46]. » Tony Anatrella, prêtre et psychanalyste.*

> *« L'homosexualité est l'impossibilité d'un être à pouvoir atteindre l'autre dans sa différence sexuelle[47]. » Christine Boutin, députée.*

> *« Je pense que l'homosexualité ne débouche sur rien. C'est une forme d'égoïsme en ce sens que l'on ne peut pas procréer. On se contente d'aimer celui qui nous ressemble. La vraie magie de l'amour, c'est quand un être en aime un autre qui ne lui ressemble pas[48]. » Grand rabbin de France Joseph Sitruk.*

---

[46] Tony Anatrella, « *À propos d'une folie* », *Le Monde*, 26 juin 1999.
[47] Christine Boutin à l'Assemblée Nationale, le 3 novembre 1998.
[48] Jospeh Sitruk à *Paris-Match* le 19 mai 1999.

Trois exemples parmi tant d'autres remettant les homosexuels à leur place : des hétérosexuels inachevés, égoïstes et malades. Dans le domaine psychanalytique, le prêtre et psychanalyste Tony Anatrella a recours aux textes freudiens pour rappeler, c'est écrit noir sur blanc chez Freud, que l'homosexualité est une stase du développement sexuel qui devrait *normalement* déboucher sur l'hétérosexualité. Un adulte qui demeure homosexuel est par conséquent « arrêté » dans son développement à un stade infantile : l'homosexualité doit être dépassée et résolue dans l'hétérosexualité finale. Il nous faudrait tout un ouvrage pour traiter de la position de Freud sur l'homosexualité : c'est une position ambiguë et ambivalente. Il y a les textes de Freud sur lesquels s'appuient Anatrella et qui désignent l'homosexualité comme une pulsion saine aussi longtemps qu'elle n'est que pulsion, c'est-à-dire conjuguée et canalisée à d'autres pulsions qui finissent par donner un psychisme bisexuel mais une libido hétérosexuelle. Il y a également chez Freud, c'est aussi écrit noir sur blanc, cette phrase qui affirme que la psychanalyse n'a pas vocation à soigner et guérir les homosexuels. Freud a milité pour la dépénalisation de l'homosexualité, apportant son soutien au combat politique de Magnus Hirschfeld et prenant publiquement la défense d'un homosexuel poursuivi en justice pour son homosexualité[49]. Il y a enfin cette confession de Freud à son ami Fliess datée du 4 janvier 1898 : « Si étant moi-même un peu névrosé, des motifs personnels me poussaient à éprouver quelque aversion, cette aversion serait justement dirigée contre l'idée de bisexualité. » Lacan a vu juste en remarquant dans ses *Ecrits* que « Freud avoue que pendant longtemps il n'a pu

[49] Voir Florance Tamagne, *Histoire de l'homosexualité en Europe, Berlin, Londres, Paris 1919 - 1939*, Seuil, 2000.

rencontrer cette tendance homosexuelle (qu'il nous dit pourtant être si constante chez les hystériques qu'on ne saurait chez eux en majorer leur rôle subjectif) sans tomber dans un désarroi qui le rendait incapable d'agir sur ce point de façon satisfaisante. » Le désarroi de Freud dans l'intimité de la question homosexuelle...voilà de quoi faire couler beaucoup d'encre. Sur son ambiguïté, rappelons qu'il a confié l'avenir de l'IAP (sorte d'Internationale de la psychanalyse freudienne) à sa fille Anna Freud dont on sait qu'elle était à la fois lesbienne et homophobe[50]. Un dernier extrait, de Freud lui-même et daté du 9 avril 1935, pour rappeler l'ambiguïté du maître : il répond à la mère d'un homosexuel qui s'inquiète pour son fils :

> *L'homosexualité n'est évidemment pas un avantage, mais il n'y a rien dont on doive avoir honte, ce n'est ni un vice, ni un avilissement et on ne saurait la qualifier de maladie ; nous la considérons comme une variation de la fonction sexuelle, provoquée par un arrêt du développement sexuel. [...] C'est une grande injustice de persécuter l'homosexualité comme un crime et c'est aussi une cruauté*[51].

Cette ambiguïté n'est pas assumée par Tony Anatrella qui préfère ne retenir des écrits du maître que le diagnostic de la stase. À partir de l'arrêt du développement sexuel, tout s'enchaîne vers le déni de la différence des sexes et une surenchère dans les handicaps et les menaces

---

[50] Voir l'article de Jean Allouch *Freud embringué dans l'homosexualité féminine* paru dans *Les homosexualités aujourd'hui : un défi pour la psychanalyse ?* Ères, 2002.

[51] Cité par Elisabeth Roudinesco dans un entretien avec François Pommier dans *Les homosexualités aujourd'hui : un défi pour la psychanalyse ?* Ères, 2002, p. 10.

qui caractérisent les homosexuels. Dans son livre *Non à la société dépressive*, il rend les homosexuels responsables de la dépression de la société contemporaine au même titre que le divorce, la toxicomanie et le suicide. Difficile d'être plus réactionnaire. Il écrit notamment que « réclamer la parité sociale entre l'homosexualité et l'hétérosexualité ne peut se justifier d'un point de vue psychologique et montre à quel point la société valorise les états premiers et immatures de la sexualité. » Un pas est franchi dans l'hostilité lorsqu'il prévient celles et ceux qui réclament l'égalité des conséquences de leur militantisme :

> *Bien sûr, il faut condamner fermement les expressions volontairement malveillantes, les discriminations et les gestes violents contre des personnes homosexuelles ; toutes ces manifestations hostiles expriment un manque de respect et sont une injure aux principes d'une société fondée sur la dignité de la personne. Cependant, dès lors qu'on accrédite l'idée que le modèle homosexuel est aussi une référence sociale, qu'il est nécessaire de l'insérer dans une législation civile pour le protéger et l'organiser, qu'on ne s'étonne pas que les réactions puissent être vives*[52]...

Nous voilà prévenus : les hétérosexuels, pourtant magnanimes en offrant aux homosexuels la tolérance, deviendront hostiles devant tant d'ingratitude si ces derniers réclament l'égalité de tous devant la loi. Les homosexuels auront mérité des « réactions vives » comme sous la Révolution les femmes qui ont réclamé l'égalité avec les hommes ont mérité l'échafaud. Là où Tony Anatrella nous semble aller très loin dans l'incompréhension et la haine, c'est lorsqu'il accuse les

[52] Tony Anatrella, *Non à la société dépressive*, Flammarion, 1993, p. 211.

féministes et les militants homosexuels de s'investir dans la lutte contre le racisme. Il interprète cette solidarité (*fraternité*, devrions-nous dire) comme un déni non plus seulement de la différence des sexes mais de toutes les différences, y compris la différence des races qui justifie toute théorie raciste :

> *La différence des sexes est plus facilement évitée ou niée quand la femme se sent incomplète au regard de l'homme et que celui-ci craint de manquer de virilité. En se comparant, ils peuvent éprouver des sentiments d'infériorité, comme en témoigne l'expérience des pubères au moment où, leur pulsion sexuelle se remaniant, elle cherche à intégrer la présence de l'autre sexe. Si ce processus n'aboutit pas, toutes les conduites réactionnelles sont possibles, qui manifestent la difficulté de trouver une juste adaptation à l'autre sexe. Dans une attitude défensive à courte vue, de nombreuses théories seront fabriquées pour rationaliser ce complexe au lieu de le comprendre. La lutte contre le racisme, par exemple, est une des traductions transitoires d'un problème sexuel dans la société, qui ne parvient pas à reconnaître et à assumer la différence entre homme et femme*[53].

Cet homme, à la fois prêtre et psychanalyste, après avoir justifié les « réactions vives » que méritent les militants homosexuels, postule à présent qu'il est pathologique de lutter contre le racisme et qu'il est sain de faire jouer les différences (des sexes, des races ?) contre l'égalité. L'ordre symbolique sous la plume de Tony Anatrella fait son coming out : le combat pour l'ordre moral derrière la façade ouverte et anthropologique d'un habile sophisme.

---

[53] *Ibid*, p. 200.

Pierre Legendre, agrégé d'histoire du droit, s'est attaché à rendre intelligible la construction anthropologique de l'Occident en faisant converger son érudition d'historien, de juriste et de psychanalyste. Dans un entretien intitulé « Nous assistons à une escalade de l'obscurantisme » paru dans *Le Monde* le 23 octobre 2001 il décrit la reconnaissance juridique du couple homosexuel comme relevant d'une logique héritière du nazisme. Stupéfiante analyse qui pousse loin l'amalgame entre l'officier SS et l'homosexuel :

> *Les Etats contemporains se lavent les mains quant au noyau dur de la raison qui est la différence des sexes, l'enjeu oedipien. [...] Pensez aux initiatives prises par les homosexuels. Le petit épisode du pacs est révélateur de ce que l'Etat se dessaisit de ses fonctions de garant de la raison. [...] L'Occident a su conquérir la non-ségrégation, et la liberté chèrement conquise, mais de là à instituer l'homosexualité avec un statut familial, c'est mettre le principe démocratique au principe du fantasme. C'est fatal, dans la mesure où le droit, fondé sur le principe généalogique, laisse place à une logique hédoniste héritière du nazisme. En effet, Hitler, en s'emparant du pouvoir, du lieu totémique, des emblèmes, de la logique du garant, a produit des assassins innocents. Après Primo Levi et Robert Antelme, je dirai qu'il n'y a aucune différence entre le SS et moi, si ce n'est que pour le SS le fantasme est roi*[54].

Ces propos sont d'une bêtise extrême et pourtant il s'agit d'un amalgame défendu par un brillant intellectuel. Ce que Pierre Legendre appelle « le petit épisode du pacs » a servi à faire surgir ici et là des amalgames

---

[54] Propos recueillis par Antoine Spire.

pathétiques et odieux en marge de la rhétorique de l'ordre symbolique. Médaille d'horreur en la matière à Emmanuel Le Roy Ladurie, historien français du vingtième siècle et professeur au Collège de France. Ce dernier, dans un article intitulé « Pourquoi le Pacs contredit l'héritage judéo-chrétien » publié dans *Le Figaro* du 19 octobre 1998, défend l'amalgame entre pédophilie et homosexualité et annonce la fin de l'Occident :

> *Les prosélytes et militants se réclamant de l'homosexualisme proposent effectivement un modèle d'intolérance, voire d'agression conceptuelle : il est vécu comme une insulte par les couples hétéros « normaux » pour lesquels le mariage « usuel » (*square*, comme disent les Anglais) correspond avant tout, entre autres mérites, à une certaine manière d'élever les enfants et de les garantir, en particulier, contre ces fléaux modernes que sont le sida ou la pédophilie [...]. Le fait de confier des enfants à des couples homosexuels masculins (comme cela se produira un jour ou l'autre par évolution logique si le Pacs est adopté), ce fait-là ne manquera donc pas d'accroître encore les risques pédophiliques qui sont déjà en plein essor.*

L'analyse des contrats sociaux proposés au siècle des lumières et l'analyse de l'ordre symbolique développé pendant les années Pacs nous renvoient invariablement à cette différence des sexes et, indirectement, à ses incidences politiques qu'on veut faire passer pour des conséquences naturelles. Les lesbiennes, parce qu'elles sont femmes et homosexuelles, ont été particulièrement marquées par ce discours et cette mise en pratique de la différence des sexes. Qu'on ne s'étonne pas si elles questionnent l'évidence et la nature de ce qu'Adrienne

Rich a appelé l'impératif hétérosexuel – *compulsive heterosexuality* – pour démystifier la différence des sexes.

La position lesbienne

Laissons la parole au marquis de Sade qui résume dans une nouvelle, *Augustine de Villebranche ou le stratagème de l'amour*, notre opinion sur le douloureux privilège de la position lesbienne :

> *De tous les écarts de la nature, celui qui a fait le plus raisonner, qui a paru le plus étrange à ces demi-philosophes qui veulent tout analyser sans jamais rien comprendre, disait un jour à une de ses meilleures amies Mlle de Villebranche dont nous allons avoir l'occasion de nous entretenir tout à l'heure, c'est ce goût bizarre que des femmes d'une certaine construction, ou d'un certain tempérament, ont conçu pour des personnes de leur sexe*[55].

L'homosexualité féminine n'est pas la version féminine de l'homosexualité masculine : elle a sa propre spécificité à travers des problématiques qu'on ne retrouve pas dans l'homosexualité masculine[56]. Simone de Beauvoir a été une des premières féministes à théoriser l'homosexualité féminine dans cette perspective d'unicité, elle consacre en 1949 un chapitre du *Deuxième sexe* à « La lesbienne » et suscite un beau scandale pour cette réhabilitation de l'amour entre femmes. Ce qui est

---

[55] Nouvelle parue dans *Le président mystifié et autres contes licencieux*, Flammarion, Librio, 1996, p. 111.

[56] Par exemple l'essai de Marie-Jo Bonnet sur le couple de femmes dans l'art, *Les Deux Amies*, rend compte de la singularité de la représentation du lesbianisme par rapport à l'homosexualité masculine en peinture et littérature.

étonnant et décevant, ainsi que l'analyse Marie-Jo Bonnet dans un article intitulé *Un curieux silence de Simone de Beauvoir*[57], c'est non seulement l'embarras et le silence de Simone de Beauvoir sur ses expériences lesbiennes, nombreuses et avérées, mais aussi et surtout sa vision du lesbianisme ramenée à une stratégie de défense contre la domination masculine. La lesbienne n'intéresse Beauvoir non pas en tant que femme qui aime les femmes mais en tant que femme hétérosexuelle ayant recours à l'homosexualité comme mise à distance de l'homme, comme rapport de force avec l'homme par femme interposée :

> *L'homosexualité de la femme est une tentative parmi d'autres pour concilier son autonomie et la passivité de la chair. [...] L'homme est plus menacé par une femme active et autonome que par une homosexuelle non agressive* [58].

Le lesbianisme n'a d'intérêt aux yeux de Beauvoir que s'il est inauthentique, c'est à dire simulé par une femme libertine et machiavélique à des fins uniquement hétérosexuelles :

> *Il est frappant de voir que, politique – c'est-à-dire féministe – ou non, c'est une homosexualité de situation qui trouve grâce aux yeux de Beauvoir. [...] Tout l'effort de Beauvoir consiste à débiologiser « la protestation virile » pour en extraire la portée critique, politique et sociale de manière à en faire une forme féministe d'homosexualité. Et ce, à destination des*

---

[57] Paru en avril 1999 dans *Ex æquo*, n°27.
[58] Cité par Marie-Hélène Bourcier, Queer Zones, Politique des identités sexuelles, des représentations et des savoirs, Balland, 2001, p. 143.

femmes hétérosexuelles principalement qui, dès lors, sont toutes lesbiennes puisque leur homosexualité devient la métaphore politique de leur révolte contre la domination masculine, contre le patriarcat. Voilà qui explique également que ce soient les femmes hétérosexuelles qui fassent les meilleures lesbiennes et qu'elles soient détentrices du bon usage de la « protestation virile [59]. »

Ce que Beauvoir n'a pas su saisir n'a pas échappé à d'autres, à savoir qu'en cumulant cette double assignation – au féminin et à l'hétérosexualité – les lesbiennes sont prédisposées à contester le rôle de femme qu'on attend d'elles. Comme l'écrit Marie-Hélène Bourcier : « la femme et la lesbienne masculines n'existeraient tout simplement pas si le genre était naturel. » Mais la femme ne sécrète pas de la féminité et de l'hétérosexualité comme le foie sécrète de la bile, et de ce décalage naît le début d'une réflexion doublée d'une révolte à l'encontre de la différence de sexes. Monique Wittig a tiré les conséquences du vécu lesbien de façon radicale :

Le concept « différence des sexes » par exemple constitue ontologiquement les femmes en autres différents. Les hommes eux ne sont pas différents. (Les blancs non plus d'ailleurs ni les maîtres mais les noirs et les esclaves aussi). Or pour nous il n'y a pas d'être-femme ou d'être-homme. [...] Les systèmes qui paraissaient si universels et éternels, humains en quelque sorte, qu'on pouvait en tirer des lois avec lesquelles bourrer des computers et en tout cas pour le moment la machine inconsciente, dans ces systèmes il s'opère, grâce à notre action et à notre langage, des glissements. Et puisque comme dit Lévi-Strauss nous

[59] Marie-Hélène Bourcier, *Queer Zones, Politiques des identités sexuelles, des représentations et des savoirs*, Balland, 2001, p. 142.

> *parlons, disons et ne craignons pas que nos mots soient dépourvus de sens, disons que nous rompons le contrat hétérosexuel. [...] Qu'est-ce que la-femme ? Branle-bas général et défense active. Franchement, c'est un problème que les lesbiennes n'ont pas, simple changement de perspective, et il serait impropre de dire que les lesbiennes vivent, s'associent, font l'amour avec des femmes car la-femme n'a de sens que dans les systèmes de pensée et les systèmes économiques hétérosexuels. Les lesbiennes ne sont pas des femmes*[60].

« Les lesbiennes ne sont pas des femmes ! » Ce pourrait être une insulte homophobe mais c'est en fait le point de départ d'une déconstruction de la différence des sexes pour penser et vivre autrement l'identité, la sexualité et le rapport au pouvoir.

---

[60] Monique Wittig, *L'esprit straight*, Balland, 2001, p. 72.

Troisième partie :

Les hommes et l'illégitime défense

« On ne peut pas attraper un chat dans une pièce noire, surtout s'il n'y a pas de chat. »
Confucius.

« Le féminin est ailleurs, il a toujours été ailleurs : c'est là le secret de sa puissance. »
Jean Baudrillard, *De la séduction*.

Ombres et lumières dans la caverne

Commençons par le commencement : non pas l'état de nature comme fiction pour penser le contrat social mais l'état de nature au sens des origines de l'humanité. Puisque l'homme préhistorique était aussi une femme, il nous faut sonder les spécialistes de la préhistoire pour voir si la condition des femmes est édifiante du point de vue de la différence des sexes. Dans un livre précisément consacré à la femme préhistorique, Claudine Cohen dépense l'essentiel de son érudition non pas à édifier ce qu'était la condition des femmes mais plutôt à critiquer et déconstruire les mythes qui jonchent l'histoire de la préhistoire tant dans sa constitution que dans ses représentations. À défaut de découvrir les femmes préhistoriques, on découvre comment les fantasmes des uns, les phobies des autres et les préjugés de tous s'inscrivent dans l'avancée d'une science, soulignant au passage sa précarité épistémologique. C'est toujours ainsi avec la femme, préhistorique ou pas : on veut la saisir scientifiquement mais c'est un mythe qu'on crée quand on croit tenir enfin une définition de la femme et de sa différence avec l'homme. Ainsi Claudine Cohen dénonce le cliché d'une répartition sexuelle des rôles avec des mâles nomades, chasseurs et artistes puis des femelles passives et reproductrices. Quant au courant de pensée qui a théorisé le culte de la Grande Déesse, il s'agit également d'une imposture :

L'archéologie féministe contemporaine ne veut plus se contenter de renverser les schèmes habituels en accordant dans le passé aux femmes un pouvoir qu'elles n'ont sans doute jamais eu. Cautionner le mythe de la déesse préhistorique, c'est pérenniser en la divinisant l'image éternelle de la femme définie par sa passivité et sa fécondité, laissant au héros mâle le privilège de l'individualité et de l'action. Tout bien pesé, le succès récent du mythe de la « Grande Déesse », popularisé par Mellaart et Gimbutas, nous apprend peut-être davantage sur nos schèmes de pensée et sur les besoins de spiritualité de nos contemporains que sur les croyances des sociétés préhistoriques [61].

Dans la même foulée, Claudine Cohen récuse la pertinence de la thèse du matriarcat originel, thèse défendant qu'il fut un temps, le temps des origines, où le rapport de force entre les sexes était en faveur des femmes avant de subir le changement, empiriquement vérifiable celui-là, qui devait aboutir à la domination masculine : « Thèse onirique, rêve d'un monde maternel, nourricier, de l'origine, elle a été inventée par des hommes, et parfois défendue par des femmes. [...] Elle demeure, à tout le moins, un des grands mythes féminins attachés à l'imaginaire de nos origines. » Le travail de déconstruction culmine avec la critique de Leroi-Gourhan qui a défendu la thèse d'une intelligibilité de la condition des hommes préhistoriques à la lumière de « l'opposition, l'alternance et la complémentarité des valeurs mâles et femelles. » La tentation – en préhistoire avec Leroy-Gourhan, en anthropologie avec Lévi-Strauss et en psychanalyse avec Freud – d'appréhender la condition

---

[61] Claudine Cohen, *La femme des origines, Images de la femme dans la préhistoire occidentale*, Belin-Herscher, 2003, p. 142.

humaine à travers la matrice manichéenne de la différence des sexes est une tendance récurrente affectant les entreprises intellectuelles de totalisation du savoir. La simplicité ne tarde pas, tôt ou tard, à faire l'épreuve d'un réel autrement plus complexe, confus et réfractaire à une grille de lecture invariablement dualiste et sexuée :

> *Peut-on admettre, avec Leroi-Gourhan, que le système de pensée et de valeurs des paléolithiques s'ordonnait selon une structure binaire, assignable, en dernière analyse, à la différence des sexes ? Et si tel est le cas, quel est le sens de cette dualité ? La psychanalyse pense les relations entre les sexes en se référant à une certaine structure du désir et de l'interdit au sein de la famille et de la société : de telles analyses sont-elles transposables aux chasseurs-cueilleurs du Paléolithique ? Si précise et argumentée soit-elle, cette méthode peut sembler circulaire, et reconduire une fois encore la projection d'une mythologie (la nôtre) sur la mythologie (supposée) du passé.*
>
> *Une telle approche a le mérite, en déplaçant le problème du réalisme au symbolisme, d'insister sur le fait que la dualité des sexes figurés dans l'art paléolithique est à comprendre non comme simple différence anatomique, ou comme la représentation frustre de besoins ou de désirs sexuels, mais sur fond d'un système complexe de pensée et de culture*[62].

Comment être plus explicite : si la différence des sexes est porteuse de sens, c'est en tant que système de pensée relevant de la culture mais certainement pas comme effet de l'évidence naturelle. La différence des sexes cherche à être confondue avec la dissemblance anatomique des sexes : pourtant la différence entre une

---

[62] *Ibid*, p. 89.

verge et un vagin ne présuppose pas l'idée qu'une société se fait du féminin, du masculin et des lois de leurs agencements. Soulignons enfin cette thèse de Claudine Cohen pour qui le fondement de l'humanité dans sa spécificité n'est pas la différence des sexes mais l'exercice permanent de la sexualité :

> *La perte de l'*oestrus *et la disponibilité sexuelle permanente inscrit dès les époques les plus anciennes de l'existence humaine la sexualité dans l'ordre du symbolique et des règles sociales. De fait, ce sont les formes particulières de nos pratiques, de nos désirs et de nos interdits sexuels qui constituent la base de notre psychisme, la structure même de notre inconscient, et le fondement de nos sociétés. Peut-être faut-il orienter en ce sens la quête d'une spécificité humaine, et dire que ce qui nous différencie avant tout du singe, ce qui est la marque première de notre humanité, ce n'est ni l'outil, ni le langage, ni la conscience, ni la religion : c'est le sexe – dont l'exercice permanent dans notre espèce fut un jour possible par les caractéristiques de la sexualité féminine*[63].

En ce cas la spécificité vient de la femme mais affecte indifféremment les hommes et les femmes: l'épicentre n'est pas le sexe comme différence des sexes mais le sexe comme interaction entre sexualité et psychisme.

---

[63] *Ibid*, p. 59.

Universaliser la différence des sexes

Françoise Héritier, se réclamant du structuralisme de Lévi-Strauss, affirme que la différence des sexes est le butoir ultime de la pensée. Elle précise dans le deuxième tome de *Masculin / Féminin* qu'il faut négliger le culturel puisque ce dernier est relatif et évolutif : « C'est la question universelle qui compte car elle est immuable (pourquoi y a-t-il deux sexes et que doivent être leurs rapports ?) et non les réponses culturelles qui, elles, ne le sont pas. » Cette position est intenable et inadmissible de la part d'une anthropologue : comment prouver qu'une question est universelle et de quelle crédibilité épistémologique peut-on se réclamer quand on minore les réponses apportées à la question ? Lévi-Strauss déjà affirmait sans complexe que la prohibition de l'inceste était un universel de la condition humaine : nous savons aujourd'hui que nombreuses sont les sociétés à avoir normalisé l'inceste. Nous avions noté au début de la deuxième partie que l'homosexualité, en dépit de son ubiquité spatio-temporelle, n'était aucunement universelle. Le paradoxe propre à Françoise Héritier, c'est d'affirmer la permanence et l'extrême importance de la différence des sexes tout en vidant cette différence des sexes de son contenu et de sa raison d'être. La différence des sexes est une vision essentialiste du féminin et du masculin qui postule l'immuabilité de l'être-femme et de l'être-homme, or voilà que Françoise Héritier, tout en affirmant l'irréductible pertinence de cette différence des sexes, nous démontre brillamment le contraire à travers l'examen de trois points qui dénaturalisent la différence des sexes. Tout d'abord l'épicentre de la stérilité : la stérilité est toujours conçue comme stérilité de la femme, il est impensable que l'homme puisse également être stérile. L'analyse de la condition particulièrement infamante de la femme stérile révèle l'enjeu de la reproduction comme structurant les rapports entre les sexes :

> *Il apparaît, en tout cas, que la femme stérile n'est pas, ou n'est plus, à proprement parler une femme. De façon positive ou négative, femme manquée ou homme manqué, elle est plus proche de l'homme que de la femme.*
>
> *Ainsi,* ce n'est pas le sexe, mais la fécondité, qui fait la différence réelle entre le masculin et le féminin, *et la domination masculine, qu'il convient maintenant de tenter de comprendre, est fondamentalement le contrôle, l'appropriation de la fécondité de la femme, au moment où celle-ci est féconde*[64].

Ce n'est pas la dissemblance anatomique des sexes qui conditionne la différence des sexes mais cette dernière est d'abord un rapport de force politique pour la maîtrise de la fécondité. Deuxième point, prolongement et dramatisation du premier : « les hommes ne peuvent faire leurs fils. » Ce passage par la femme est vécu comme une blessure narcissique par l'homme qui préférerait être celui qui procrée : ce fantasme de l'homme procréant est à l'origine, entre autres, des récits qui font naître la femme à partir de l'homme, notamment Eve tirée d'une côte d'Adam. David Halperin analyse la pédérastie athénienne

---

[64] Françoise Héritier, *Masculin / Féminin, La pensée de la différence*, Odile Jacob, 1996, p. 230.

comme réaction des hommes face au pouvoir procréateur des femmes :

> *La pédérastie rituelle figure la procréation des mâles par des mâles ;une fois que les garçons sont nés, physiquement, et élevés par les femmes, ils doivent naître une seconde fois, culturellement, et être introduits dans l'ordre symbolique de la « masculinité » par les hommes. Les processus par lesquels une génération d'hommes donne naissance à la suivante sont explicitement pensés comme des fonctions de reproduction féminine : saignements de nez rituels, oreilles percées, scarification de la langue ou incision du pénis – qui signifie une menstruation mâle - , par exemple, et insémination orale des jeunes par les plus âgés, qui représente un allaitement. Il semble que quand les hommes cherchent à se reproduire socialement, en socialisant et en intégrant dans la culture une nouvelle génération de jeunes hommes, ils cherchent à revendiquer une aptitude à la reproduction analogue à celle des femmes*[65].

Ici encore la différence des sexes n'est pas tant la différence entre hommes et femmes mais plutôt le problème posé aux hommes du passage par la femme pour engendrer des fils :

> *Pour se reproduire à l'identique, l'homme est* obligé de passer par un corps de femme. *Il ne peut le faire par lui-même. C'est cette incapacité qui assoit le destin de l'humanité féminine. On notera au passage que ce n'est pas l'envie du pénis qui entérine l'humiliation féminine mais le scandale que les femmes font leurs filles alors que les hommes ne peuvent faire*

---

[65] David Halperin, *Cent ans d'homosexualité et autres essais sur l'amour grec*, EPEL, 2000, p. 196.

leurs fils. Cette injustice et ce mystère sont à l'origine de tout le reste, qui est advenu de façon semblable dans les groupes humains et que nous appelons la « domination masculine[66]*. »*

Troisième et dernier fait qui condense les deux premiers : les hommes ont peur des femmes. Cette peur relève d'inquiétudes quant à la fécondité, à l'angoisse de la castration, à l'incertitude de la paternité...L'homme terrorisé devant la femme :

> *Peur et défiance : parce qu'elles incarnent la sexualité sauvage, débridée, mais aussi parce qu'elles incarnent la passivité pénétrée, c'est-à-dire dans les deux cas la dévoration d'énergie mâle ; crainte que l'on retrouve dans trois autres attendus : parce qu'ils ont peur de ne pouvoir les satisfaire, parce qu'ils craignent leur jouissance, parce qu'ils pensent qu'elles désirent leur pénis. À cela s'ajoute les doutes classiques sur la fidélité et la paternité (parce qu'ils craignent leur infidélité, parce qu'ils ne sont jamais certains de leur paternité) : ce qui est craint, c'est à la fois l'accaparement d'énergie sexuelle de l'homme, mais aussi son détournement dévoyé*[67].

Avec justesse et talent, Françoise Héritier démontre que la différence des sexes relève tour à tour du contrôle politique de la fécondité, du complexe de l'homme à ne pas engendrer lui-même son semblable et de la peur de l'homme face à la sexualité féminine. Que reste-t-il, dès lors, des piliers naturels du masculin et du féminin ? Les notions de masculin et de féminin sont dénaturalisées et politisées pour apparaître comme des

---

[66] Françoise Héritier, *Masculin / Féminin, Dissoudre la hiérarchie*, Odile Jacob, 2002, p. 23.
[67] *Ibid*, p. 59.

constructions culturelles inventées par les hommes se sentant en position de légitime défense vis-à-vis des femmes. C'est pour nous la critique radicale et brillante de la différence des sexes, c'est au contraire pour Françoise Héritier la reconduction de cette différence des sexes comme un immuable de la condition humaine. Cette reconduction n'est pas sans poser problème, notamment à Sabine Prokhoris :

> *Car le fait de la répartition sexuée nous donne certes à percevoir un écart, surprenant, entre les deux sexes, mais on ne voit pas que le sens, la valeur, et la portée de cet écart, et donc la conception que l'on peut s'en faire, soient inclus dans cette donnée qu'est la sexuation. Ramasser sous le terme de « différence » tout ce qu'il convient de penser de cette situation, et se trouver contraint de ne pas la percevoir qu'à partir de cette dimension, la « différence » étant censée être un constat pur et simple et non une certaine façon de construire et d'interpréter une perception, revient à faire d'un angle de vue quelque chose qui décalquerait purement et simplement un donné déjà ordonné. Or c'est bien la pensée qui ordonne ce qu'elle rencontre, et non l'inverse. Et qui l'ordonne, le façonne, d'une manière plutôt que d'une autre. En aucun cas, contrairement à ce que soutient Françoise Héritier, dont nous évoquions plus haut certaines positions, cette représentation de la « différencedessexes » ne peut-elle constituer une figure initiale,* index sui *en quelque sorte, soit un de ces « butoirs indépassables » où la pensée trouverait son commencement absolu, voire la condition* sine qua non *de son exercice*[68].

---

[68] Sabine Prokhoris, *Le sexe prescrit, la différence sexuelle en question*, Aubier, 2000, p. 126.

L'expérience gémellaire

René Zazzo ne s'est pas initialement intéressé à la différence des sexes : il s'est en revanche passionné pour les jumeaux et, à travers l'étude de la gémellité, s'est attaché à rendre compte d'un nouveau paramètre qui mette en lumière le processus d'individualisation outre l'hérédité et l'intelligence : le rapport réactif à autrui. C'est presque accidentellement que la différence des sexes s'est immiscée dans ses recherches sur la genèse de la personnalité lorsqu'il analyse cette récurrence d'un rapport de domination à l'intérieur du couple de jumeaux. Nécessairement un dominant et un dominé émergent et forment non seulement la dynamique du couple mais les ressorts de la formation de la personnalité de chacun. Il constate, pour les jumeaux dizygotes de sexes différents, que ce sont les soeurs qui dominent leurs frères de façon marquée :

> *La fille plus encline en général que le garçon à établir et à cultiver les relations extérieures sera souvent plus apte que son frère à prendre le rôle de « représentant » du couple, selon l'expression de von Bracken. Grâce sans doute à ses dispositions naturelles de sociabilité, elle semble pâtir beaucoup moins de la situation gémellaire comme il apparaît quand on compare, pour le développement du langage, les couples de deux filles aux couples de deux garçons. Les différences de sexe polarisent la structure du couple.*
>
> *[...] Dans l'univers du couple gémellaire, le garçon est bien obligé de se penser en fonction de sa sœur et d'une sœur qui, au bénéfice d'une meilleure*

sociabilité et d'un rythme de développement plus rapide ou réputé tel, lui fait la loi. Dans ces conditions où le rôle traditionnel de la masculinité est inversé, certaines attitudes du même ordre le sont aussi. La timidité tend à devenir l'apanage du garçon, et une plus grande hardiesse à celui de la fille[69].

Que dire de ce laboratoire du rapport des sexes entre eux – âges et parents identiques – qu'offre la gémellité dizygote bisexuée ? Difficile de spéculer sur le constat de domination générale de la fille sur son frère : le rythme biologique plus avancé de la fille explique-t-il cette domination ? les parents sont identiques mais l'éducation diffère-t-elle selon le sexe des enfants ? À défaut de tirer une quelconque leçon du constat de René Zazzo en matière de psychologie différentielle des sexes, il nous a semblé intéressant de rendre compte de cette domination féminine dans l'intimité du couple de faux jumeaux de sexes différents.

[69] René Zazzo, *Les jumeaux, Le couple et la personne*, PUF, 2001, p. 484.

La femme de prise en méprise

Non sans humour, Virginia Woolf s'adresse en 1928 à des femmes et leur apprend qu'elles sont une énigme :

> *Avez-vous quelque idée du nombre de livres consacrés aux femmes dans le courant de l'année ? Avez-vous quelque idée du nombre de ces livres qui sont écrits par des hommes ? Savez-vous que vous êtes peut-être les animaux de la création dont on discute le plus*[70] *?*

La femme a été inventée par les hommes, ces derniers ont créé la différence des sexes pour tenir les femmes dans le mythe de la-femme, de l'essence féminine, du radicalement autre. Nous verrons bientôt les hypothèses qui rendent compte de cette création de la femme, de ce besoin non seulement d'en faire un continent noir mais aussi de la conquérir. Définir et dominer la femme. La différence des sexes prend sa source dans ce que nous appelons l'illégitime défense des hommes à l'encontre des femmes : les hommes se sentent menacés par les femmes qui pourtant ne les menacent pas, et c'est la gestion de ce sentiment de menace qui pousse les hommes à réagir par cette double dynamique de définition de la femme comme l'Autre et de domestication de son irréductible différence. C'est pourquoi le sexe est d'abord le sexe de la femme tel qu'il vampirise la psyché des

[70] Cité par David Halperin dans *Cent ans d'homosexualité et autres essais sur l'amour grec*, EPEL, 2000, p. 204.

hommes. C'est pourquoi ceux-ci, en retour, croient agir en position de légitime défense alors que rien ne légitime l'aliénation des femmes. C'est avec grande naïveté qu'en 1997 un philosophe croit prédire la permanence de l'éternel féminin en avouant que cette permanence du féminin présuppose celle de la domination masculine :

> *D'autres facteurs rendent, probable, pour longtemps encore, la perpétuation de la suprématie masculine dans les organisations. Il s'agit des idéaux de sexes et des normes de socialisation agençant les traits de personnalité, les goûts et les comportements considérés comme adaptés à l'un et l'autre sexe. En apprenant aux garçons à se comporter comme des garçons et aux filles comme des filles, les modèles de socialisation créent des attitudes et des états d'esprit préparant mieux un sexe que l'autre aux luttes ultérieures du pouvoir et de la puissance sociale. Avec le* sex typing *commence le processus de production sociale de l'inégalité des sexes face au pouvoir.*

Cette opinion de Gilles Lipovetsky, extraite de son essai *La troisième femme*, nous gène considérablement : d'une part parce qu'il se félicite de cette inégalité qui n'est jamais qu'une conformité des femmes avec le féminin ; et d'autre part parce que le processus d'inégalité qu'il décrit comme un système immuable est en fait éminemment culturel, c'est-à-dire évolutif et relatif. L'expression « les goûts et les comportements considérés comme adaptés à l'un et l'autre sexe » montre pourtant bien qu'on ne peut rabattre sur l'inné et l'immuable ce qui relève de paramètres sociaux changeables dans l'espace comme dans le temps. « Apprendre aux garçons à se comporter comme des garçons » : Lipovetsky prend cette éducation sans en discuter les fondements et les aboutissants, n'y voyant que du permanent au lieu de chercher la lézarde dans l'édifice du bleu pour les garçons – et bien sûr du rose pour les filles. Face à ce conservatisme, l'horizon du possible :

> *Non qu'il n'y ait deux sexes anatomiques distincts, mais cette donnée pourrait parfaitement être pensée dans le cadre d'une autre construction intellectuelle que celle qui tranche de la sorte, et faire du coup l'objet d'une perception articulée selon d'autres dimensions.*
>
> *Car la perspective qui organise l'existence de chaque sexe, le déploiement de ses possibles, et les figures de leurs relations, sous l'angle exclusif d'une différence irréductible et pour cela essentielle, différence qu'ils auraient en somme vocation à réaliser – au double sens du mot – n'est pas après tout la seule cohérente qui se puisse concevoir*[71].

Mais pour Lipovetsky la frontière est tracée et doit être infranchissable. Après avoir défendu la spécificité du féminin et fustigé la tentation de dénaturaliser le féminin et le masculin (ce que Françoise Héritier appelle « l'égarement contemporain »), sa conclusion achève de nous navrer :

> *Du « début » de l'histoire à nos jours, le masculin s'affirme dans les affrontements et les compétitions classantes. Moins blessée que recyclée, l'identité masculine permet toujours aux hommes, dans les sociétés ouvertes, d'assurer leur prédominance dans les instances du pouvoir. La « crise de la virilité » est davantage une image littéraire qu'un phénomène social de fond : l'homme est l'avenir de l'homme et le pouvoir*

---

[71] Sabine Prokhoris, *Le sexe prescrit, La différence sexuelle en question*, Aubier, 2000, p. 122.

masculin, l'horizon insistant des temps démocratiques[72].

C'est une mauvaise stratégie de réclamer l'égalité des droits entre hommes et femmes si l'on s'appuie sur la différence des sexes : outre la conclusion de Lipovetsky, nous avons vu que la condition des femmes sous la République naissante et celle des homosexuels lors du « petit épisode du Pacs » nous renvoient toujours aux conséquences politiques de cette différence des sexes qui exige qu'on ne confonde pas la destination des sexes. Aujourd'hui encore, alors que les femmes ont conquis l'égalité des droits, le combat féministe n'a rien perdu de son actualité car, au niveau culturel (ces fameux « goûts et comportements » dont parle Lipovetsky), la mystique de la différence des sexes reste la matrice d'un fossé entre masculin et féminin, et cet écart sera toujours celui d'une asymétrie au profit du masculin. C'est pourquoi le féminisme constructiviste nous semble plus juste et libérateur que le féminisme essentialiste : il n'émancipe pas seulement les femmes de la domination masculine mais les femmes et les hommes d'une théorie politique de l'agencement et de l'hermétisme du masculin et du féminin. Désamorcer l'illégitime défense des hommes à l'encontre des femmes, c'est montrer et démontrer que les femmes doivent être appréhendées par les hommes comme sujets égaux et non comme l'objet de leurs fantasmes ou phobies.

Il nous semble qu'il est bête et dangereux de mépriser les détails culturels pour ne retenir que l'immuable alors que les faits culturels sont précisément les éléments d'une critique de l'immuable, traquant dans

---

[72] Gilles Lipovestky, *La troisième femme, Permanence et révolution du féminin*, Gallimard, 1997, p. 307.

la prétention à l'universel une posture intenable, une imposture démasquée. Prenons l'exemple du marquis de Sade, affirmant dans *La philosophie dans le boudoir* une opinion qu'il a tôt fait de prendre comme règle générale, vérité établie :

> *Il n'est point d'homme qui ne veuille être despote quand il bande.*

Il y a dans cette affirmation, déjà, une assignation de tous les hommes à la masculinité qui se définit, au niveau sexuel, comme une sexualité érectile, active et dominatrice, métaphore en quelque sorte de l'ascendant des hommes sur la femme. C'est pourtant sous la plume de Sade, cette fois dans *Les cent vingt journées de Sodome*, que la règle générale est démentie par un simple retour au réel dans sa complexité. Prenons le personnage de Durcet :

> *Durcet est âgé de cinquante-trois ans, il est petit, court, gros, fort épais, une figure agréable et fraîche, tout le corps, et principalement les hanches et les fesses, absolument comme une femme ; son cul est frais, gras, ferme et potelé, mais excessivement ouvert par l'habitude de la sodomie ; son vit est extraordinairement petit : à peine a-t-il deux pouces de tour sur quatre de long, il ne bande absolument plus, ses décharges sont rares et fort pénibles, peu abondantes et toujours précédées de spasmes qui le jettent dans une espèce de fureur qui le porte au crime ; il a de la gorge comme une femme, une voix douce et agréable, et fort honnête en société*[73].

---

[73] Cité par Annie Le Brun, *Soudain un bloc d'abîme, Sade*, Gallimard, Folio, 1993, p. 55.

Penchons-nous enfin sur le travail de la philosophe Geneviève Fraisse qui s'est attachée à rendre compte de la différence des sexes comme concept philosophique. Sa conclusion ne manque pas d'intérêt parce qu'elle établit non seulement l'historicité de la différence des sexes, donc sa relativité, mais aussi et surtout son extraordinaire vacuité, perdant en sens ce qu'elle gagne en valeur comme monnaie d'échange dans le champ philosophique :

> *- Le statut incertain de la différence des sexes dans la tradition philosophique, monnaie, lieu d'échange, espace discursif où le sexe est à la fois pour lui-même et pour autre chose.*
>
> *- L'idée d'une pensée de la différence des sexes à partir justement d'un manque de concept, à partir de la reconnaissance de son historicité ; historicité dont le champ de réflexion est à construire*[74].

Nous en avons assez dit sur ce que nous pourrions appeler, en référence à Derrida, la différ*a*nce de la différence des sexes. En effet si par différ*a*nce l'on entend l'irrépressible dynamique de forces centripètes au sein d'un espace clos par des forces centrifuges, alors nous pouvons constater que l'édifice – pourtant en marbre – de la différence des sexes est soumis lui aussi à la lézarde d'une faille sans cesse croissante entre les femmes et le féminin, et aujourd'hui entre les homosexuels et l'ordre symbolique[75]. Marianne, buste modèle et impassible, belle comme une idée platonicienne, est travaillée de l'intérieur par son intimité qui commence à poindre. Si les hommes finissent par comprendre en quoi leur domination est une

---

[74] Geneviève Fraisse, *La différence des sexes*, PUF, 1996, p. 125.

[75] Dans *Éperons*, *Les styles de Nietzsche*, Flammarion, 1978, Derrida se livre par le biais de Nietzsche à une déconstruction de la différence des sexes.

défense illégitime, la différence des sexes comme théorie politique aura perdu son principal soutien. Ce sera l'avènement de la raie publique retrouvée.

L'homme assiégé – par qui ?

Dans cette recherche où nous avons parlé des femmes et des homosexuels, nous sentons à présent qu'il faut se tourner vers les hommes – hétérosexuels – car l'assignation au féminin et la coercition de l'ordre symbolique sont les deux effets politiques d'une différence des sexes qui ne relèvent pas d'une différence anatomique mais d'un malaise propre aux hommes. De quel malaise s'agit-il exactement ? Plusieurs réponses, plusieurs hypothèses apportées ici et là par des penseurs qui se sont attaqués à cette problématique de l'illégitime défense des hommes envers les femmes. Dans un essai intitulé *Pourquoi Diotime est-elle une femme ?* David Halperin s'interroge sur le rôle de la figure féminine de Diotime dans *Le Banquet* de Platon. Les hôtes du poète Agathon sont tous des hommes et le sujet de discussion du banquet qu'il donne est l'amour : pourquoi Socrate, lorsqu'il vient à prendre la parole sur l'amour, précise qu'il tient son savoir de quelqu'un d'autre en ces termes :

> *Écoutez plutôt le discours sur Éros que j'ai entendu un jour de la bouche d'une femme de Mantinée, Diotime, qui était experte en ce domaine comme en beaucoup d'autres, et qui à un moment donné, dix ans avant la peste, avait amené les Athéniens à offrir des sacrifices qui ont permis de reculer de dix ans la date du fléau. Oui, c'est elle qui m'a instruit des choses concernant l'amour. Je vais essayer de vous rapporter le discours que tenait cette femme, sur la base des conventions acceptées par Agathon et par*

moi : c'est-à-dire par mes seuls moyens et comme je le pourrai[76].

Suite à une analyse des politiques sexuelles de la cité Athénienne et de la conception platonicienne de la pédérastie, David Halperin met en évidence l'extrême mauvaise foi avec laquelle les hommes reconnaissent ne pas avoir besoin des femmes tout en étant vampirisés par leur présence. Plus le malaise des hommes augmente vis-à-vis de ce que les femmes auraient en plus – ou eux en moins – et plus les femmes sont mises à distance, condensées dans *la-femme* et d'une omniprésence fantasmatique. Ce n'est plus avec les femmes que les Athéniens partagent leur vie, c'est avec l'idée qu'ils se font du féminin comme ce qu'ils maîtrisent sans y avoir jamais accès. Les hommes ne passent par la femme que pour en faire l'économie, exactement comme dans la mise en place de l'amour courtois au Moyen Âge qui est une nouvelle façon de dire l'amour pour ne pas le faire[77]. Dans cette dynamique psychologique la radicalisation de la différence des sexes est une initiative des hommes visant à réifier les femmes dans le féminin pour mieux définir les prérogatives uniques et supérieures du masculin qui, dans une logique essentialiste, sont le monopole des hommes. Diotime est une fiction, celle du féminin :

> *Mais si Diotime n'est pas une femme, mais la « femme », cela n'a plus de sens de s'enquérir de son genre. Car « femme » se révèle aussi être une figure : dans l'économie de la représentation du texte de Platon (comme ailleurs), « femme » est toujours le signe de quelque chose d'autre – d'une « différence sexuelle »*

[76] Cité par David Halperin dans *Cent ans d'homosexualité et autres essais sur l'amour grec*, EPEL, 2000, p. 155.
[77] Jean-Charles Huchet, *L'amour discourtois,* Privat, 1987.

fallacieuse dont les hommes (tels qu'ils se voient eux-mêmes) manquent et, à la fois, qu'ils possèdent. Rien en elle-même, la « femme » est ce pseudo-Autre qui procure ce que les hommes désirent et épargne aux hommes de désirer n'importe quoi d'autre ; c'est une identité masculine autre à laquelle son accessibilité constante aux hommes prête une plénitude et une totalité qui les rend capables de se passer complètement de l'altérité. « Féminité » n'est pas de l'ordre du référent, donc, mais du figuré : il est structuré comme une figure au sens où il est construit comme l'opposé de la « masculinité », selon la logique du « même-mais-différent » qui, dans la rhétorique classique, définit les opérations de la comparaison et de la métaphore. Prendre, à tort, cette construction pour « le féminin authentique » reviendrait donc à faire la plus élémentaire des erreurs rhétoriques, celle de confondre une dénomination figurée avec une dénomination littérale. Mais on a du mal à voir comment une représentation du « féminin » qui le définit, en termes essentialistes, comme l'opposé du « masculin » pourrait ne pas être passible d'une critique semblable. Si nous suivons cette logique, nous découvrons que dans la perspective d'un monde masculin, au moins, il n'y a rien qui soit une féminité authentique. « Femme » et « homme » sont les figures du discours masculin. Le sexe (le genre) est une fiction irréductible[78].

Tout autre est le parcours de Jean Baudrillard et pourtant sa convergence avec la thèse de David Halperin est flagrante : l'affrontement du féminin et du masculin ne relève pas de « quelque différence biologique ou rivalité naïve de pouvoir » mais de la production aux prises avec

---

[78] David Halperin, *Cent ans d'homosexualité et autres essais sur l'amour grec*, EPEL, 2000, p. 206.

la séduction. Baudrillard interroge le consensus sur le constat de domination masculine en pointant l'échec, le malaise, la faiblesse qui sont la raison d'être de cette domination masculine. Finalement, l'aliénation des femmes, explicite et indéniable, masque une autre précarité, plus confuse et taboue, celle du délire masculin. On passe ainsi de la domination à la faiblesse masculine avec, toujours, le féminin comme puissance occulte et insaisissable. Dans les années 1970, bien avant la *Queer Theory*, Baudrillard va aussi loin que possible dans cette mise au jour de l'identité masculine. C'en est fini du temps où Virginia Woolf se plaignait que les hommes considèrent la femme comme une énigme : désormais les hommes aussi sont analysés et le masque est arraché sans contrefaçon. Écoutons la thèse de Baudrillard :

> *Y a-t-il jamais eu un pouvoir phallique ? Toute cette histoire de domination patriarcale, de phallocratie, de privilège immémorial du masculin n'est peut-être qu'une histoire à jouir debout. À commencer par l'échange des femmes dans les sociétés primitives, stupidement interprété comme le premier stade de la femme-objet. Tout ce qu'on nous raconte là-dessus, le discours universel sur l'inégalité des sexes, leitmotiv de la modernité égalitaire et révolutionnaire, et qui se renforce de nos jours de toute l'énergie de la révolution* ratée – *tout cela n'est qu'un gigantesque contre-sens. L'hypothèse inverse est parfaitement plausible, et d'une certaine façon plus intéressante – à savoir que le féminin n'a jamais été dominé : il a toujours été dominant. Le féminin non comme sexe précisément, mais comme forme transversale de tout sexe, et de tout pouvoir, comme forme secrète et virulente de l'insexualité. Comme défi dont les ravages se font sentir aujourd'hui sur toute l'étendue de la sexualité – ce défi,*

qui est aussi celui de la séduction, n'a-t-il pas toujours été triomphant ?

Dans ce sens, le masculin n'a jamais été que résiduel, une formation secondaire et fragile, qu'il faut défendre à force de retranchements, d'institutions, d'artifices. La forteresse phallique offre en effet tous les signes de la forteresse, c'est-à-dire de la faiblesse. Elle ne vit que du rempart d'une sexualité manifeste, d'une finalité du sexe qui s'épuise dans la reproduction ou la jouissance.

On peut faire l'hypothèse que le féminin est le seul sexe, et que le masculin n'existe que par un effort surhumain pour en sortir[79].

Nous sommes loin, très loin de la mystique de la différence des sexes qui justifie la différence entre hommes et femmes par l'évidence de la nature. Les hommes sont au cœur du processus de création de la femme, du féminin et de l'hermétisme des sexes. Il nous reste à voir en quoi ils sont également responsables de l'impératif hétérosexuel.

---

[79] Jean Baudrillard, *De la séduction*, Galilée, 1998, p. 29.

Impénétrables, les voies du seigneur ?

Depuis la parution de *Gender Trouble*, Judith Butler s'est imposée comme une lectrice remarquablement critique de l'identité sexuelle. Tout d'abord réfractaire à la psychanalyse, elle s'est rapprochée de Freud pour mieux travailler ses incohérences et ses négligences. Il en résulte, dans le cinquième chapitre de *La Vie psychique du pouvoir*, une magistrale analyse de la mélancolie propre à l'hétérosexualité comme deuil non assumé du féminin et mutilation du caractère polyvalent de la libido. Ayant mis les femmes à distance, celles-ci étant condensées dans le féminin, le tout-Autre dont parlait Baudrillard, il ne reste plus aux hommes qu'à s'interdire la moindre proximité ou promiscuité avec ce qui lui est à ce point différent. L'hétérosexualité est un gage de cet hermétisme parce que la complémentarité parachève la différence :

> *Si un homme devient hétérosexuel en répudiant le féminin, où cette répudiation pourrait-elle donc vivre sinon dans une identification que son parcours hétérosexuel cherche à nier ? De fait, le désir du féminin est marqué par cette répudiation : il désire la femme qu'il ne voudrait jamais être. Il ne voudrait surtout pas qu'on le surprenne à être elle ; donc il la désire. Elle est son identification répudiée (une répudiation qu'il pérennise à la fois comme identification et comme objet du désir). L'un des objectifs les plus cruciaux de son désir consistera à*

découvrir et à confirmer la preuve de cette différence. Son désir sera hanté par la terreur d'être ce qu'il désire ; si bien que son désir sera aussi et toujours une sorte de terreur. [...] De manière significative, l'homosexualité n'est pas abolie mais conservée ; elle est conservée précisément dans l'interdit de l'homosexualité[80].

C'est ainsi que nous comprenons non seulement la mélancolie – deuil et terreur – dont nous parle Butler à propos des hommes hétérosexuels mais aussi cet impensé de Freud quant à la structuration du désir et le prix de son inflexion vers l'hétérosexualité :

> *Il semble clair que les positions de «* masculin *» et «* féminin *», que dans* Trois essais sur la théorie de la sexualité *(1905) Freud comprenait comme les effets d'un labeur ardu et incertain, s'établissent en partie à travers des interdits qui* exigent la perte *de certains attachements sexuels et que ces pertes ne soient* pas *avouées comme telles, qu'elles ne fassent* pas *l'objet d'un deuil. Si l'affirmation de la féminité et de la masculinité procèdent de la mise en place d'une hétérosexualité toujours fragile, nous pourrions comprendre la force de cette mise en place comme le renoncement obligé à tout attachement homosexuel ou, de manière plus tranchée peut-être, comme une* préemption *de toute possibilité d'attachement homosexuel, une forclusion qui produit le champ de l'homosexualité comme passion invivable et perte privée de deuil. [...] En ce sens, l'interdit de l'inceste présuppose l'interdit de l'homosexualité, car il fait l'hypothèse de l'hétérosexualisation du désir*[81].

---

[80] Judith Butler, *La Vie psychique du pouvoir*, Léo Scheer, 2002, p. 206.
[81] *Ibid*, p. 202.

L'impératif hétérosexuel est l'éternel exorcisme d'une menace d'érosion du sceptre masculin sous le spectre du féminin : l'homme doit pénétrer la femme au point d'être insoupçonnable quant au fait que lui aussi peut accéder à la jouissance de la pénétration. Le tabou de la masculinité, c'est d'utiliser la jouissance du phallus pour masquer celle de l'anus qui marque une convergence trop inquiétante avec celle du vagin pour être reconnue comme telle. Jean Allouch appelle ce tabou l'interdit du *katapugon* en référence à la sexualité des Grecs qui édifie ce tabou en condamnant la passivité sexuelle de l'homme. En Occident, où la figure du père s'amalgame avec celle du maître, il constate que cette domination du maître repose sur la sauvegarde de son tabou, sur la fiction des voies du seigneur comme rigoureusement imprenables :

> *Le masquage du maître par le père offre ce grand avantage de maintenir non questionnée la prétendue maîtrise de Dieu sur le sexe, de laisser Dieu à l'abri du sexe. [...]*
>
> *C'est précisément ce que signifiaient ceux qui ne lâchaient pas la question du sexe du maître : qu'il était exclu de ne pas mettre cette sexualité du Seigneur Dieu dans le coup – et Lacan, dans son séminaire* L'angoisse, *ne dit pas autre chose. Ils attestaient que ce Dieu maître tout-puissant qui paraissait régenter le sexe tout en n'y trempant pas s'y trouvait bel et bien...mouillé*[82].

En faisant du complexe de castration l'épicentre de la psychanalyse, Freud a laissé de côté ce qui est d'une si grande importance pour saisir ce qui chez l'homme se

[82] Jean Allouch, *Le Sexe du maître, L'érotisme d'après Lacan*, Exils, 2001, p. 24.

refuse à se laisser saisir – jusqu'à l'obsession, jusqu'à la mystique de la différence des sexes. Nous avions déjà eu l'occasion de souligner l'ambivalence de Freud sur l'homosexualité mais aussi de noter, à titre personnel, le problème de sa répugnance quant à l'idée de bisexualité. Cette impasse sur le tabou du sexe du maître fait se rejoindre, en France et aux Etats-Unis, ceux qui poussent le dialogue avec Freud dans une autre perspective que l'hagiographie ou l'orthodoxie. Le sexe du maître, cette inacceptable ressemblance de la jouissance par la pénétration, nous apparaît comme le fondement de cette mélancolie décrite par Butler et surtout comme la raison de l'illégitime défense des hommes face aux femmes :

> *En identifiant comme « refus de la féminité » le fait qu'un homme ne veuille pas se soumettre à l'autorité d'un autre homme, Freud passait à côté du rendez-vous que l'histoire lui avait fixé avec le katapugon. Ayant dit que l'anatomie est le destin, il confondait pourtant vagin et rectum au « bénéfice » du vagin (plutôt à ses dépens)*[83].

Le fameux continent noir auquel on a associé la femme commence finalement chez l'homme, dans son trou du cul dont il s'obstine à nier l'aspect érogène. À ce stade de l'enquête il nous faut définitivement l'admettre : cette mystique de la différence des sexes qui prétend reposer sur l'évidence naturelle d'une dissemblance anatomique repose au contraire sur la menace, la honte d'une ressemblance des sexes que sont le vagin et le rectum. Les conséquences de ce sentiment de honte et de malaise sont très lourdes d'un point de vue politique : nous avons eu l'occasion de montrer que l'assignation au

---

[83] *Ibid*, p. 44.

féminin pour les femmes et à l'ordre symbolique pour les homosexuels étaient les stigmates les plus visibles et les plus coercitifs de cette mystique. Nous avons aussi, car c'est l'objet de ce livre, démontré à quel point la différence des sexes en tant que théorie politique de l'agencement des sexes (hermétiques et complémentaires) était antirépublicaine. Inutile de rêver à la création *ex nihilo* d'un régime politique qui révolutionne le sexisme propre à la mystique de la différence des sexes, il existe déjà en la présence de la République française et de son corpus idéologique. Il suffit simplement – mais est-ce si simple ? – d'exiger que la pratique cesse de dénier la théorie et que la République, dans son application de l'universalisme, soit fidèle à ses valeurs. Nous savons à présent que les enjeux de cette fidélité sont d'une importance cruciale car il y va non seulement de l'égalité de tous devant la loi mais aussi et surtout du renouvellement pour nous tous de la problématique du rapport au pouvoir et de la sculpture de soi.

Marianne intime n'a pas fini de nous surprendre.

Conclusion

L'éthique républicaine

> *Comme* l'homo sapiens *est un mammifère Plus, la* République *est la* Démocratie *Plus. Plus précieuse et plus précaire. Plus ingrate, plus gratifiante. La République, c'est la Liberté* plus *la Raison. L'État de droit,* plus *la Justice. La tolérance,* plus *la volonté. La Démocratie, dirons-nous, c'est ce qui reste d'une République quand on éteint les Lumières.*
>
> *Une République se fait* d'abord *avec des républicains, en esprit. Une Démocratie peut fonctionner selon la lettre, dans une relative indifférence, en se confiant à la froide objectivité de textes juridiques. La République est intérieure ou n'est pas : elle exige une éthique personnelle*[84].

Régis Debray a raison d'insister sur ce fait : la République n'est pas seulement un régime politique, c'est aussi un esprit, une éthique, un exercice quotidien d'une certaine idée de la citoyenneté. L'éthique républicaine,

---

[84] Régis Debray, *Contretemps, Éloge des idéaux perdus*, Gallimard, Folio, 1992, p. 18.

c'est travailler à ce que théorie et pratique convergent dans le comportement du citoyen, être vigilant quant au risque de dénier en pratique ce qui est prôné en théorie. Nous avons fait l'expertise des valeurs républicaines en général et de l'universalisme en particulier à l'épreuve de la différence des sexes : de 1789 aux années Pacs, de la condition des femmes sous la première République à la tolérance accordée aux citoyens homosexuels en fin de cinquième République, il nous est apparu que l'esprit républicain était fortement parasité par la mystique de la différence des sexes, autrement plus forte et consensuelle que celle de la différence des races mais partageant avec cette dernière son irrecevabilité dans l'idéologie des droits de l'homme et du citoyen. Nous avons voulu, en plus de constater ce brouillage du message républicain, en faire la genèse et la critique : traquer l'impensé de la République, politiser ses incidences, dénaturaliser son évidence, enfin la déclarer réfractaire à l'universalisme tel qu'il se décline dès 1789 en France. La mystique a été, nous l'espérons, démystifiée, et les catégories de *sexe*, de *femme* et d'*homosexualité* sont apparues dans la crudité, l'obscénité de leur charge politique, culturelle et discutable. Marianne nous a finalement servi d'entremetteuse entre la pensée *queer* et l'idéologie Républicaine, montrant et démontrant combien la division sexuelle de l'humanité est lourde de conséquences non seulement au niveau juridique par l'inégalité de tous devant la loi mais aussi, au niveau psychologique, par l'appauvrissement de l'horizon du possible quant au processus d'individualisation où chacun travaille à l'érection de sa personnalité. La marge de manœuvre qui conditionne notre identité – sculpture de soi – nous est apparue trop réduite et surdéterminée pour que nous puissions vraiment nous consacrer à devenir ce que nous sommes. Oui, la différence des sexes, en plus d'être antirépublicaine, est la matrice d'une fabrique étroite, manichéenne et aliénante de l'identité. Cette mutilation est inhérente à la mystique de la différence des sexes, et nous ne la trouvons ni nécessaire ni justifiable. La différence des sexes, s'appuyant sur l'évidence d'une dissemblance anatomique, masque en fait un problème propre aux hommes : celui d'une ressemblance des sexes et de la jouissance. Nous avons rendu compte, en lisant des anthropologues, des spécialistes du paléolithique, des psychologues, des philosophes et des psychanalystes, que cette différence des sexes ne s'appuie pas sur la différence des sexes mais toujours sur un problème annexe. C'est pourquoi il nous a semblé pertinent d'opérer une déconstruction de la différence des sexes, et c'est pourquoi la République française nous est apparue comme le régime politique le pus *queer* qui soit. Déconstruction ne signifie pas destruction : il s'agit de pointer les lézardes qui travaillent un édifice et de mettre au jour la dynamique qui mine la pérennité de cet édifice à partir de ses fondements. Il ne s'agit pas d'une mise à mort de la différence des sexes mais, à travers son intelligibilité, d'en renouveler la compréhension et la mise en pratique. Par exemple, les concepts de masculin et de féminin restent opérationnels, simplement nous les retrouvons sur une base constructiviste, refusant la thèse qui postule que les femmes sécrètent du féminin et les hommes du masculin. Masculin et féminin sont conservés mais ce passage de l'essentialisme au constructivisme ouvre bien des perspectives tant au niveau de la loi que de l'épanouissement personnel. La déconstruction de la différence des sexes ne promet pas une société radicalement autre, simplement elle réaménage le sens et l'usage de concepts qui nous sont – consciemment ou pas

– familiers. L'horizon du possible en est singulièrement changé :

> *The deconstruction of identity is not the deconstruction of politics ; rather, it establishes as political the very terms through which identity is articulated. [...] The task here is not to celebrate each and every new possibility* qua *possibility, but to rediscribe those possibilities that* already *exist, but which exist within cultural domains designated as culturally unintelligible and impossible. If identities were no longer fixed as the premises of political syllogism, and politics no longer understood as a set of practices derived from the alleged interests that belong to a set of ready-made subjects, a new configuration of politics would surely emerge from the ruins of the old*[85].

Pourquoi la France et pas une autre république, les Etats-Unis par exemple ? Si nous avons choisi la République française comme régime *queer*, c'est précisément parce que la Révolution française organise ce passage de l'essentialisme au constructivisme appliqué à la nation : la France ne légifère plus pour les seuls français mais pour les citoyens du monde. La Déclaration des droits de l'homme et du citoyen n'entend pas s'arrêter au-dessus des Pyrénées et en deçà du Rhin : la République fait de la France la patrie de l'humanité. En quoi nous retrouvons, ici encore, une application de l'universalisme républicain :

> *Au-dessus de la nation, en France, il y a l'Humanité. Au-dessus de la société, en Amérique, il y a Dieu. Le président à Paris prête serment sur la Constitution votée par ceux d'en bas, et à Washington*

---

[85] Judith Bulter, *Gender Trouble*, Routledge, 1999, p. 189.

sur la Bible, qui émane du Très-Haut. Le premier, après son « Vive la République, vive la France » terminal, ira se faire encadrer dans sa bibliothèque avec les Essais *de Montaigne dans les mains. L'autre terminera son discours sur God Bless America – et se fera photographier sur fond de drapeau étoilé*[86].

[86] Régis Debray, *Contretemps, Éloge des idéaux perdus*, Gallimard, Folio, 1992, p. 22.

L'horizon du possible

Esquissons quelques unes des perspectives politiques entrouvertes par la déconstruction de la différence des sexes : il nous faut en concevoir les retombées concrètes et susciter études, écrits et plaidoyers en la matière.

À la remise en cause de la division sexuelle du travail il faut ajouter la mise en question de la division sexuelle du sujet de droit : l'écriture du droit peut-elle faire l'économie de la différence sexuelle ? Quelle inscription juridique du transsexualisme et des méthodes de procréation artificielle ? Repenser l'écriture du droit.

S'interroger sur la ségrégation sexuelle de l'espace : ségrégation imposée pour les toilettes publiques et les prisons mais aussi ségrégation dans les magasins de vêtements avec les espaces de vêtements pour femmes et les espaces de vêtements pour hommes. Repenser le rapport à l'espace par-delà une géographie du sexe.

Quelle définition de la famille, du couple et de la parentalité : combien de parents, de quels sexes, quelles responsabilités dans l'exercice de l'éducation ? Quels droits pour les enfants, quels devoirs pour les parents ? Quels discours sur la filiation et les origines ? Repenser les structures élémentaires de la parenté.

Au niveau de l'éducation nationale, quand et comment enseigner la sexualité ? Biologie, éducation civique, philosophie ? Indépendamment de la question sexuelle, quel cadre scolaire pour la formation à l'éthique républicaine ? Repenser l'éducation sexuelle et l'éducation républicaine.

Au niveau international et multiculturel, établir les critères d'une application des droits de l'homme : ingérence dans les pratiques culturelles différentes avec un ethnocentrisme assumé ? Jusqu'où pousser l'universalité des droits de l'homme ? Repenser l'application des droits de l'homme et la politique extérieure.

Quant à notre conception de l'amour[87] : jusqu'à quel point le lien amoureux est-il surdéterminé par la mystique de la différence des sexes et dans quelle mesure, selon le programme de Rimbaud, réinventer l'amour ?

Nous le constatons avec ce bref balayage : une déconstruction de la différence des sexes engage plusieurs problématiques qui, de l'éducation nationale à l'écriture du droit en passant par la géopolitique et la déségrégation de l'espace, touchent autant notre vécu quotidien que les structures du pouvoir que nous exerçons et subissons à la fois. Nous croyons à l'actualité et à la pertinence de ces problématiques qui se rattachent aux enjeux d'un régime politique non parasité par la différence des sexes. Puissent des contributions, nombreuses et de qualité, participer de cet effort collectif pour repenser le rapport – politique et psychologique – au réel.

[87] Voir *L'amour et l'Occident* de Denis de Rougemont, Plon 10/18, 1997.

Remerciements

À Jean-Michel Saussois pour avoir donné à cet écrit une impulsion originelle et originale. À Marie-Jo Bonnet pour sa présence chaleureuse et ses conseils judicieux. À Jean Allouch dont les encouragements ont été capitaux.

À Julien Chavanne et Pantxika Passicot pour leurs relectures vigilantes. À Charline Lafage et Samy Jebabli pour avoir donné à ce texte un singulier contexte. À Virginie Brinker qui était déjà présente et précieuse lors de mon premier écrit, *En attendant l'indifférence*.

À mes parents, Roland et Monique Foerster, pour leur merveilleux soutien.

Bibliographie

- Agacinski Sylvianne, *Politique des sexes*, Seuil, 1998.

- Agulhon Maurice, *Marianne au combat*, Flammarion, 1989.

- Allouch Jean, *Le Sexe du maître, L'érotisme d'après Lacan*, Exils, 2001.
- Allouch Jean, *Freud embringué dans l'homosexualité féminine*, paru dans *Les homosexualités aujourd'hui : un défi pour la psychanalyse ?* Éres, 2002.

- Anatrella Tony, *Non à la société dépressive*, Flammarion, 1993.

- Bacharan Nicole, *Histoire des Noirs américains au 20ème siècle*, Complexe, 1994.

- Badinter Élisabeth, *L'amour en plus*, Flammarion, 2002.
- Badinter Élisabeth, *XY : de l'identité masculine*, Odile Jacob, 2002.
- Badinter Élisabeth, *L'un est l'autre*, Odile Jacob, 1986.
- Badinter Élisabeth, *Qu'est-ce qu'une femme ?* POL, 1989.

- Badinter Élisabeth et Badinter Robert, *Condorcet, Un intellectuel en politique*, Fayard, 1988.

- Baudrillard Jean, *De la séduction*, Galilée, 1998.

- Beauvoir Simone de, *Le deuxième sexe*, Gallimard, Folio, 1986.

- Bersani Leo, *Homos, Repenser l'identité*, Odile Jacob, 1998.

- Bonnet Marie-Jo, *les Relations amoureuses entre les femmes*, Poches Odile Jacob, 2001.
- Bonnet Marie-Jo, *Un curieux silence de Simone de Beauvoir*, paru dans *Ex æquo* n°27, avril 1999.
- Bonnet Marie-Jo, *Les Deux Amies, Essai sur le couple de femmes dans l'art*, Blanche, 2000.

- Borillo Daniel, *Homosexualités et droit*, PUF, 1998.
- Borillo Daniel et Lascoumes Pierre, *Amours égales ? Le Pacs, les homosexuels et la gauche*, La Découverte, 2002.

- Bourcier Maire-Hélène, *Queer zones, Politiques des identités sexuelles, des représentations et des savoirs*, Balland, 2001.

- Bouretz Pierre, *La République et l'universel*, Gallimard, 2000.

- Butler Judith, *Gender Trouble*, Routledge, 1999.
- Butler Judith, *La Vie psychique du pouvoir*, Léo Scheer, 2002.
- Chalon Jean, *Chère Marie-Antoinette*, Perrin, 1997.
- Chamfort, *Maximes et pensées*, Mille et une nuits, 1997.
- Chaperon Sylvie, *Les années Beauvoir, 1945-1970*, Fayard, 2000.
- Christine de Suède, *Maximes*, Payot et Rivages, 1996.
- Cohen Claudine, *La femme des origines, Images de la femme dans la préhistoire occidentale*, Belin-Herscher, 2003.
- Dauxois Jacqueline, *Charlotte Corday*, Albin Michel, 1988.
- Debray Régis, *Contretemps, Éloge des idéaux perdus*, Gallimard, 1992.
- Derrida Jacques, *Éperons, les styles de Nietzsche*, Flammarion, 1978.
- Diderot, *Sur les femmes*, paru dans *Qu'est-ce qu'une femme ?* POL, 1989.
- Diderot, *Lettre sur les aveugles à l'usage de ceux qui voient*, Flammarion, 2000.

- Duhet Paule-Marie, *Les femmes et la Révolution : 1789-1794*, Gallimard, 1988.

- Duclert Vincent et Prochasson Christophe, *Dictionnaire critique de la République*, Flammarion, 2002.

- Duras Marguerite, *La maladie de la mort*, Éditions de minuit, 1982.

- Éribon Didier, *Réflexions sur la question gay*, Fayard, 1999.
- Éribon Didier, *Papiers d'identité*, Fayard, 2000.
- Éribon Didier, *Une morale du minoritaire, Variations sur un thème de Jean Genet*, Fayard, 2001.

- Fassin Éric, Marcela Iacub et Borillo Daniel, *Au-delà du Pacs, expertise de la famille à l'épreuve de l'homosexualité*, PUF, 2001.

- Foucault Michel, *La volonté de savoir*, Tel Gallimard, 2000.
- Foucault Michel, *Surveiller et punir*, Tel Gallimard, 1997.

- Fraisse Geneviève, *La différence des sexes*, PUF, 1996.
- Fraisse Geneviève, *La controverse des sexes*, PUF, 2001.
- Fraisse Geneviève, *Les deux gouvernements : la famille et la Cité*, Folio Gallimard, 2001.

- Fraisse Geneviève, *Muse de la raison, Démocratie et exclusion des femmes en France*, Gallimard, 1995.

- Fumaroli Marc, *Quand l'Europe parlait français*, Fallois, 2001.

- Genet Jean, *Les bonnes*, Folio Gallimard, 2002.

- Godelier Maurice, *La production des grands hommes*, Fayard, 1996.

- Gouge Olympe de, *Écrits politiques*, Côté-femmes, 1993.

- Groult Benoîte, *Le féminisme au masculin*, Denoël, 1977.

- Halperin David, *Cent ans d'homosexualité et autres essais sur l'amour grec*, EPEL, 2000.
- Halperin David, *Saint Foucault*, EPEL, 2000.

- Hegel, *Phénoménologie de l'Esprit*, Gallimard, 2001.

- Héritier Françoise, *Masculin / Féminin, La pensée de la différence*, Odile Jacob, 1996.
- Héritier Françoise, *Masculin / Féminin, Dissoudre la hiérarchie*, Odile Jacob, 2002.

- Hobbes, *Léviathan*, Folio Gallimard, 2001.

- Huchet Jean-Charles, *L'amour discourtois*, Privat, 1987.

- Iacub Marcela, *Le crime était presque sexuel et autres essais de casuistique juridique*, EPEL, 2002.

- Katz Jonathan, *L'invention de l'hétérosexualité*, EPEL, 2002.

- La Mettrie, *L'homme-machine*, Folio Gallimard, 1999.

- Lascoumes Pierre, Michel Callon et Yannick Barthe, *Agir dans un monde incertain, Essai sur la démocratie technique*, Seuil, 2001.

- Le Bitoux Jean, *Les oubliés de la mémoire*, Hachette, 2002.

- Le Brun Annie, *Soudain un bloc d'abîme, Sade*, Gallimard, 1993.

- Lipovetsky Gilles, *La troisième femme, Permanence et révolution du féminin*, Gallimard, 1997.

- Millett Kate, *La politique du mâle*, Stock, 1971.

- Nadaud Stéphane, *L'homoparentalité : une nouvelle chance pour la famille ?* Fayard, 2002.

- Onfray Michel, *Théorie du corps amoureux*, Grasset, 2000.

- Onfray Michel, *La sculpture de soi*, Grasset, 1993.

- Pateman Carole, *The Sexual Contract*, Polity Press, 1997.

- Prokhoris Sabine, *Le sexe prescrit, La différence sexuelle en question*, Aubier, 2000.

- Puig Manuel, *Le baiser de la femme-araignée*, Seuil, 1996.

- Roudinesco Élisabeth et Derrida Jacques, *De quoi demain...*Fayard et Galilée, 2001.
- Roudinesco Élisabeth, *La famille en désordre*, Fayard, 2002.
- Roudinesco Élisabeth, *Psychanalyse et homosexualité : réflexions sur le désir pervers, l'injure et la fonction paternelle*, paru dans *Les homosexualités aujourd'hui : un défi pour la psychanalyse* ? Éres, 2002.
- Roudinesco Élisabeth, *Théroigne de Méricourt, Une femme mélancolique sous la Révolution*, Seuil, 1989.

- Rougemont Denis de, *L'amour et l'Occident*, Plon 10/18, 1997.

- Rousseau, *Émile ou de l'éducation*, Garnier Flammarion, 1996.
- Rousseau, *Du contrat social*, Librairie Générale Française, 1996.

- Rousseau, *Discours sur les origines et les fondements de l'inégalité parmi les hommes*, Flammarion Librio, 1999.

- Rubin Gayle et Bulter Judith, *Marché au sexe*, EPEL, 2002.

- Sade, *Augustine de Villebranche ou le stratagème de l'amour*, dans *Le président mystifié et autres contes licencieux*, Flammarion Librio, 1996.

- Sedgwick Eve Kosofsky, *Epistemology of the Closet*, University of California Press, 1990.

- Tamagne Florence, *Histoire de l'homosexualité en Europe, Berlin, Londres, Paris 1919 – 1939*, Seuil, 2000.

- Verdier Éric et Firdion Jean-Marie, *Homosexualités et suicide*, H&O, 2003.

- Vincent Thierry, *L'indifférence des sexes, critique psychanalytique de Bourdieu et de l'idée de domination masculine*, Éres, 2002.

- Virilio Paul, *Ce qui arrive*, Galilée, 2002.

- Wittig Monique, *L'esprit straight*, Balland, 2001.

- Zazzo René, *Les jumeaux, le couple et la personne*, PUF, 2001.

Sommaire

Achevé d'imprimer par Corlet Numérique - 14110 Condé-sur-Noireau
N° d'Imprimeur : 14715 - Dépôt légal : novembre 2003 - *Imprimé en France*